Reiser

KARL VII.

Rudolf Reiser

KARL VII.

1697-1745

Pracht und Ohnmacht
des bayerischen Kurfürsten,
deutschen Königs und
römischen Kaisers

Rudolf Reiser

2002

Buchendorfer Verlag

© Buchendorfer Verlag, München 2002
Alle Rechte vorbehalten

Photos: Archiv des Verfassers
Satz + Repro: Satz & Bild München
Druck + Bindung: Gorenjski Tisk, Kranj

Printed in Slowenia

ISBN 3-934036-87-2

Inhalt

Vorwort

Er schwimmt mit den schönsten Frauen in seiner Badenburg, als ihm das Wasser längst bis zum Hals reicht, und er greift nach dem Rosenkranz genauso wie nach der Kaiserkrone: der bayerische Kurfürst Karl Albrecht, der am Ende die böhmische und römische Corona trägt, der mit der Kaisertochter Amalie verheiratet ist, sie aber verdrischt und vom Ehebett weg mit den feschen Hoffräulein anbandelt, die mehr als einmal zur selben Zeit niederkommen wie seine Gattin.

Der Wittelsbacher, heute bekannt als unglücklicher Kriegsherr und glücklicher Frauenheld, regiert nur 19 Jahre. In seiner Zeit aber entstehen die herrlichen Bauten und Innendekorationen, die Bayern heute zur Zierde gereichen. Wir denken nur an die Münchner Asamkirche, die Reichen Zimmer in der Residenz, das Palais Preysing, Schloß Alteglofsheim, die Klosterkirche von Osterhofen und die Amalienburg, das schönste Rokokojuwel überhaupt.

Eine Biographie, in der es widerhallt von Jagdgeschrei am Ammersee und Waffenlärm in Oberösterreich, von aufheizenden Predigten in München und Regensburg und Kastratenstimmen im kurfürstlichen Hoftheater, von Liebesgeflüster in Schleißheim und weinseligen Klängen und Gesängen auf dem Bucentaurus des Starnberger Sees.

Vorhang auf für ein bayerisches Spektakel, in dem sich Mönche und Mätressen, Maler und Minister, Musiker und Mauerblümchen mit deftigen Dialogen um die Hauptperson dieses Buches scharen.

Ismaning, 25. Juli 2002   Rudolf Reiser

Kindheit und Jugend in halb Europa

1697-1718

Geburt in Brüssel, erste Jahre in München, Gefangenschaft in Klagenfurt, Karneval in Venedig, Papstaudienz in Rom und Türkenkrieg in Belgrad

Zweimal führen Bayern und Österreich Krieg, zweimal wird das Land zwischen Inn und Lech verwüstet – und das innerhalb eines nur kurzen Menschenlebens. Von 1704 bis 1715 und von 1742 bis 1744 hausen die Österreicher und ihre wilden Horden aus dem Balkan im Bayernland wie die Vandalen. Da nützen alle Gebete an die heilige Jungfrau Maria nichts, die jungen Frauen werden von den siegreichen Kriegern als sexuelles Freiwild angesehen und auch so behandelt. Ganze Familien sterben aus. Wenn die Habsburger marschieren lassen, dann kommandiert der Tod.

Das Bayerndrama beginnt 1704, als der im Spanischen Erbfolgekrieg mit Frankreich verbündete Kurfürst Max Emanuel bei Höchstädt nicht nur eine Schlacht, sondern sein Land verliert. Seine Gegner Marlborough, der die englisch-holländischen Truppen befehligt, und Prinz Eugen an der Spitze des österreichischen Heeres bringen dem Wittelsbacher eine Niederlage bei, der fürchterliche Exzesse folgen, von denen die *Sendlinger Mordweihnacht* die bekannteste, aber nicht die einzige ist.

Während die geschändeten und verstümmelten Bayern, die Kinder ohne Eltern, die um ihre Ehre besorgten Frauen und die wehr- und ehrlosen Greise den Verbrechen tatenlos zusehen müssen, flüchtet Max Emanuel in sein geliebtes Brüssel, »wo es zugeht wie im ewigen Leben«, und seine Frau Therese Kunigunde nach Venedig, wo man ebenfalls in Saus und Braus lebt.

Max Emanuel und Therese Kunigunde sind die Eltern unseres Kaisers Karl VII., der am 16. August 1697 in Brüssel geboren wird, in München aufwächst und nach der Niederlage von Höchstädt als Gefangener mit seinen nachgeborenen Brüdern Philipp Moritz (*1698), Ferdinand Maria (*1699) und Clemens August (*1700) nach Klagenfurt geführt wird. »Also muste unser Printz die meiste Zeit seiner Jugend

Kurprinz Karl als Sechsjähriger. Gemälde von Martin Maugad im Schloß Lustheim.

9

in einer verdrüßlichen Gefangenschaft zubringen«, wie Karls erster Biograph Johann Jakob Moser 1745 schreibt.

Dieser Prinz erhielt in der heiligen Taufe die Namen Karl Albrecht. Zunächst befremdet der Name Karl. Kein regierender bayerischer Wittelsbacher hieß jemals so. Doch am Hof weiß man Bescheid. Der Kurprinz sollte nämlich einmal den Thron Karls des Großen einnehmen, also Kaiser des Heiligen Römischen Reiches Deutscher Nation werden. Diese väterliche Absicht ist das einzig und allein bestimmende Element der kurbayerischen Außenpolitik.

Damit hängt auch der zweite Name zusammen: Albrecht. Der Urur-urgroßvater des Kurprinzen ist Herzog Albrecht V. Er hat 1546 in Regensburg die Habsburgerin Anna, Tochter Kaiser Ferdinands I., geheiratet. Und von dieser Verbindung leitet man in München die Erbansprüche Bayerns ab. Im Klartext: Stirbt das Erzhaus in Wien einmal im Mannesstamm aus, erhebt Bayern Anspruch auf die Lande östlich des Inns.

Vater Max Emanuel mit Goldenem Vliess und Kanonengeschütz. Kupferstich von B. F. Lutz.

Dem Kurprinzen Karl Albrecht wird dies alles bei jeder passenden und unpassenden Gelegenheit erklärt. Die zum Teil erniedrigende Behandlung in der Klagenfurter Gefangenschaft durch Kaiser Joseph I. mag den Knaben in dieser Richtung bestärken. Und noch etwas ist prägend: das Lotterleben seiner Eltern. Vater Max Emanuel läßt keine Gelegenheit zur Sünde wider das sechste Gebot aus. Man sagt, er sei so ganz nebenbei noch Vater von 60 Bastarden. Einige davon sind auch am Hof bekannt. Als er nach Höchstädt sein Land verlassen muß, findet seine Frau in der Münchner Residenz einen Koffer voller pikanter Liebesbriefe, die nicht von ihr stammen.

Aber ist sie, die Tochter des Polenkönigs und Kriegshaudegens Jan III. Sobieski, besser? Ihr Gefolge aus der Heimat, so sagt und klagt Max Emanuel wiederholt, spielt und schläft mit ihr. Und so kann er, als er von einer Schwangerschaft der leichtlebigen Polin erfährt, seufzen: »Gott gebe nur, daß das Kind nicht der Kalmückin oder dem verfluchten Juden gleich sehe.«

Ganz entscheidend für den Kurprinzen Karl Albrecht ist aber der ihm vermittelte Eindruck, daß der geistliche Segen auf den

Ehebrüchen der Eltern liegt. Ein Beispiel dazu: Mutter Therese Kunigunde zieht Mitte Februar 1705 nach Italien. Da ihr die Österreicher die Rückkehr verweigern, läßt sie sich in Venedig nieder. An ihrer Seite ihr Beichtvater Dorotheus Schmacke, der sich um Seele *und* Leib der schönen Polin kümmert.

Venedig. Die Einwohner sind dort »der Wollust sehr ergeben«, wie man in der bedeutendsten Enzyklopädie der Zeit, dem *Zedlerlexikon*, liest. Überall sehe man am Canal Grande »leichtfertige Dirnen«. Und die Obrigkeit billige das Laster. Da erscheint die hohe und reiche Frau aus dem Norden, die sich voll dem Leben und Beichtvater hingibt. Bereits am 30. Juni 1706 kommt sie mit einem gesunden Knaben nieder. Er soll einmal die wichtigsten Teile ihres eigenen Wappens bekommen: die polnischen Farben (Weiß und Rot), die Warschauer Königskrone und den nach links reitenden Krieger mit Schwert. Corona und Reiter sind auf den beiden Wappen deckungsgleich. Und wie heißt der Bastard? Johann Christoph von Aretin, der Stammvater derer von Aretin heute.

Mutter Therese Kunigunde von Polen. Gemälde eines unbekannten Meisters. Kopie Universitätsbibliothek München.

Freilich, die Eskapaden der Eltern Karl Albrechts sind in Europa keine Einzelfälle. Der ihn so quälende Kaiser Joseph I., der Bayern besetzt und darin wütet wie es die zaristische Soldateska mit ihren brutalen Morden nicht besser kann, herrscht auch unumschränkt im Reiche der Venus. All seine Erziehung durch den Oberpfälzer Edelmann Franz von Rummel, den er später zum Erzbischof von Wien erhebt, nützt nichts, wenn ihm eine junge Schönheit über den Weg läuft. »Er schweifte ziemlich öffentlich aus«, stellt Heinrich Wilhelm von Bülow, der große deutsche Staatsrechtler des 18. Jahrhunderts, fest.

In Klagenfurt läßt dieser Wüstling den gefangenen Bayernprinzen (*Grafen von Wittelsbach* genannt) ihre Schmach fühlen. Wie jubelt man dort bei seinem Tod am 17. April 1711. Er hinterläßt zwei Töchter: Maria Josepha (*1699) und Amalie (*1701). Letztere – und das ist 1711 noch unvorstellbar – soll elf Jahre später den Kurprinzen Karl Albrecht ehelichen.

Vier Jahre nach Karl Albrecht geboren: seine zukünftige Frau Amalie. Stich in der Österreichischen Nationalbibliothek Wien.

Josephs I. Nachfolge tritt dessen Bruder Karl VI. an, der die Bayernprinzen freundlicher behandeln und sie nach Graz verlegen läßt. Dort trifft auch Max Emanuels Jüngster, der mittlerweile neunjährige Johann Theodor, ein. Johann Jakob Moser lobt den Kaiser: »Er gab ihnen sowohl eine Standesmäßige Bedienung, als auch eigene Lehrmeister, die sie in Künsten und Wissenschafften unterrichten müssen.«

Darüberhinaus läßt er dem Ältesten mitteilen, wie in Österreich die Erbfolge geregelt werde. Es geht um die *Pragmatische Sanktion*, die am 19. April 1713 in Kraft tritt. Es handelt sich um ein Hausgesetz, das in ganz Europa Aufsehen und zunächst auch Widerspruch erregt. Um was geht es da? In der Habsburgerfamilie steht es schlecht um den Nachwuchs. Joseph I. hinterließ nur zwei Töchter, sein Bruder Karl VII. ist exakt fünf Jahre verheiratet, doch die Wiege bleibt leer. So beansprucht nun Wien die weibliche Erbfolge. Eigentlich ein vernünftiger Grundsatz, doch für die von Männern beherrschte europäische Gesellschaft ein Ding der Unmöglichkeit.

Das findet man zunächst auch am Immerwährenden Reichstag in Regensburg und am Friedenskongreß von Rastatt. Letzterer stellt nach Darstellung Mosers »die Ruhe in Teutschland wieder her« und setzt »alles in Ansehung Bayerns auf den alten Fuß«. Das heißt: Karl Albrecht und seine Brüder dürfen ebenso wie die Eltern in ihre Heimat reisen. Die österreichische Fremdherrschaft hört auf.

Mehr noch. »Es schien darauf die Freundschaft zwischen beyden hohen Häusern vollkommen wieder hergestellet zu seyn. Man schwatzte auch bereits damals von einer Vermählung des Durchl. Chur-Printzens mit einer Kayserlichen Josephinischen Printzeßin, und man wußte in Wien die ungemeinen Eigenschafften dieses Herrn nicht genugsam zu rühmen. Wie denn auch der Kayser den Printzen mit den Orden des güldenen Vliesses beschencket hatte.«

Die Dekoration ist deshalb von so großer Bedeutung, weil es sich um die höchste Auszeichnung des Wiener Herrschers handelt. Ihr Vorbild hat es im Widderfell, das die Argonauten unter Jason aus Colchis entwenden konnten, obwohl es von einem nie schlummernden Drachen bewacht wurde.

Ausgerechnet im Sternkreiszeichen Widder darf der mit dem Vliess ausgestattete Karl Albrecht seine Eltern wieder in die Arme schließen. Am 8. April 1715 im Schloß Lichtenberg bei Landsberg am Lech! Ein Bild des Malers Joseph Vivien, das heute im Schloß Schleißheim hängt, zeigt den stolzen Max Emanuel mit der ungeliebten Frau Therese Kunigunde. Karl Albrecht küßt dem Vater gerade die Hände, hinter ihm die weiteren Kinder.

Zurück in die Heimat darf der ebenfalls gebannte Kurfürst und Erzbischof von Köln, Joseph Clemens, ein Bruder Max Emanuels und somit der Onkel Karl Albrechts. Er zieht sofort in seine Geburtsstadt München, wo Trompeten- und Posaunenklänge, Lobgesänge und Menschengedränge die Heimkehr der Verfemten begleiten. Es ist schon erstaunlich: Ungeachtet der Demütigungen, Niederlagen, Ehebrüche und Schulden tut man jetzt in der kurfürstlichen Familie so, als stehe man nach all den tristen Zeiten sieg- und geistreich wie kein Geschlecht auf Erden da. »Der Hof zu München«, so berichtet Moser, »war vorhin niemals so prächtig und zahlreich gewesen, als zur selben Zeit. Das Gepränge, so allda beobachtet wurde, war bey nahe mit dem Wienerischen einerley.«

Karl Albrecht feiert am 6. August 1715 seinen 18. Geburtstag, wird also volljährig. Draußen in Nymphenburg drängen sich auf einem »herrlichen Balle« (Moser) die bayerischen Schönheiten aus den höheren Ständen um das Geburtstagskind. Vater Max Emanuel zeigt sich mit dem Sohn zufrieden, besteht dieser doch mit Bravour sein Examen »in einer kurtzen und ausbündigen Relation«, die sich auf Gebiete wie »Weltweißheit, Geographie, Historie (und) Sitten-Lehre« erstreckt.

Und Sitten-Lehre! Wir wissen nicht, was man darunter versteht. Moral bestimmt nicht! Der 53jährige Kurfürst hebt nach wie vor die Reifröcke, und der Filius ist nicht besser. Am 4. November 1715 schreibt der Kölner Erzbischof Joseph Clemens nach Hause, er stelle beim bayerischen Kurprinzen »ein grosse inclination vor die Weiber, spillen und den Wein« fest.

Freilich, der Onkel ist auch nicht von schlechten Eltern. Doch seine Erlebnisse im Venusberg behält er brav für sich, vor allem die Tatsache, daß sein Liebchen Constance mit seinen beiden Söhnchen Johann Baptist und Anton Levin in Lille auf ihn wartet. Er ist in den besten Jahren, gerade 44, eitel und begierig nach Bischofsstühlen – und bringt es fertig, 1715 in der Münchner Michaelskirche auf »die Welt-Kinder« zu schimpfen, die »nachjagen denen zergänglichen Ehren, und irdischen Reichthumben unabläßlich«. Aber es paßt eben schon alles zusammen. Um die Gläubigen von der Existenz des Satans zu überzeugen, lassen die Jesuiten in St. Michael schon mal Teufel brüllen.

Jetzt, da Wittelsbach wieder Einfluß im Land hat, geht die Barock-
zeit in ihre zweite Blüte. Wie strahlen heute die Kirchen mit ihren farbigen und faszinierenden Einblicken in die paradiesischen Freuden
und Gefilde mit himmlischen Bauten und bayerischen Rauten, den
heiligen Königen und Apostelfürsten, den Jungfrauen mit langstieli-
gen Lilien und Mönchen mit kurzen Haaren!

Kaum hat sich Karl Albrecht in München eingewöhnt, bricht er am
Ende des Jahres 1715 als *Graf von Trausnitz* mit seinen drei Brüdern
zu einer Kavaliersreise nach Italien auf. Erste Station am 20. Dezem-

Kapitolinische Venus.
Schon vom 18jähri-
gen Karl Albrecht in
Rom bewundert.
Rom, Museo
Capitolino.

ber Trient. Dort sieht er, wie wir seinem Diarium entnehmen, »ein Crucifix, welches zur Zeit des Concilii Tridentinidas das Haubt geneiget und mit diesem zeichen dasselbe gleichsam bekräftiget haben solle«.

Dann geht es weiter nach Venedig, wo Karl Albrecht »beym Carneval eine geziemende Ehre« zuteil wird, wie Zeitgenosse Moser berichtet. Im Palazzo Foscari, einem der zauberhaftesten Gebäude am Canal Grande, vergnügt er sich nach eigener Darstellung »in Gesellschaft unterschiedlicher Damen«. Hier schnappt auch die Venusfalle zu, die Kurbayern einmal so teuer kommen soll. Dabei ist immer (oder zumindest fast immer) sein Kumpan Maximilian von Preysing (29).

In der *Serenissima* lächelt beide die Verführung in ihrem spärlichen und gefährlichen Putz an. Die weltberühmten »Curtisanen, welche mit großer Unverschämtheit ihre Dienste anbieten«, wie sich wenig später der britische und kritische Rat Johann Georg Keyssler aus Hannover ausdrückt, setzen »alle Schamhaftigkeit auf die Seite«.

Diese Göttinnen der Lust haben eine subtile Methode, anderen Umständen zu entkommen, und die Gondolieri eine, sich im rechten Augenblick zu wenden, lesen wir in einem anderen Reisebericht. »Hauptsächlich rühmen sie sich der Kunst, die kritische Minute untrüglich zu bestimmen« *(Sammlung der besten und neuesten Reisebeschreibungen).*

Schon nach seinen zwei ersten Stationen sehen wir einen 18jährigen Kurprinzen, der alles glaubt (Trient) und alles liebt (Venus). Er setzt auf den christlichen Gott und die heidnische Liebesgöttin. Letztere sieht er am 20. April in Rom im schönsten Marmorstein. Vor ihm die *Kapitolinische Venus!* Kein Zweifel, jetzt schon erfüllt sich sein späterer Ausspruch, wonach eine schwere Sünde die Voraussetzung für eine gute Beichte sei.

In der Ewigen Stadt wird er natürlich von Papst Clemens XI. (66) empfangen. »Mit viel Freundlichkeit«, wie Moser erzählt. Dann bewundert der junge Gast tausend Fälschungen. So am 10. April: »Die drey Vornehmsten Reliquien, als nemlich die Lanzen Longini in Christal eingefasset, ein Theil von dem warhafften Creüz Christi in Gold und Kostbaren Steinen, und das Schweis Tuch der Heyligen Veronica.« Am 13. April kniet er vor dem »Haubt des Heyligen Apostels Andrea, St. Lucas, und St. Sebastianus, ein(en) Theil von dem Armb St. Annae.«

An seinem Arm hängen anstatt der Heiligen auch in Rom die Hetären, die leichtlebigen Grisetten, aber auch die vornehmen Fräulein. Am 28. Mai 1716, so teilt er uns mit, nimmt er an einem Fest teil, dann wird »iede Dame in ihr quartier geführet«.

Natürlich macht Karl Albrecht auch einen Abstecher nach Napoli, wo er wieder alte Knochen diverser Heiliger bestaunt, diesmal aber auch ein Landeskind aus Fleisch und Blut: die Primadonna Rosa Schwarzmann aus München, kurz *Bavarese* genannt. Sie ist die erste uns bekannte Sopranistin der Musikgeschichte, teilt man doch sonst den Kastraten die hohen Stimmen zu.

Im Sommer geht es dann wieder zurück. Karl Albrecht verabschiedet sich von seinen beiden Brüdern Philipp Moritz und Clemens August, die »auf Anrathen des Pabstes das Päbstliche Recht erlerneten, um sich desto bequemer zum geistlichen Stande, welchen sie sich zu widmen entschlossen waren, geschickt zu machen« (Moser).

Welch Wiedersehensfreude dann am 24. August. Karl Albrecht erreicht an diesem Tag den Starnberger See, den er mehr als jeden anderen bayerischen Topos schätzt. Doch zunächst einmal versinkt in diesem Gewässer ein schöner Traum.

Starnberg und sein See, Karl Albrechts liebster Topos. Stich 19. Jahrhundert.

Um was geht es? Kurz vor seinem achten Hochzeitstag erhält das Kaiserpaar in Wien Nachwuchs. Am 12. April 1716 wird die 25jährige Elisabeth von einem Sohn entbunden: Leopold. Aus die Spekulationen um die Kaiserkrone! Die *Pragmatische Sanktion* hat ihren Sinn verloren. Dann das Unfaßbare: Am 4. November stirbt der Säugling.

Alles wieder offen also! In München hat man allerdings die Hoffnung auf die Fruchtlosigkeit der kaiserlichen Ehe begraben müssen.

In die Wiener Trauerklänge mischen sich bald wieder Freudenstöße. Am 13. Mai 1717 wird abermals ein kaiserliches Kind geboren: die weltberühmte Maria Theresia. Zu den Gratulanten gehört auch Karl Albrecht aus München. Sein Vater Max Emanuel hält es nämlich für richtig, ihn am bevorstehenden Türkenkrieg teilnehmen zu lassen.

Schon im August 1717 eine neuerliche Hymne auf den Kaiser. Prinz Eugen (54) erobert Belgrad. Dabei sind 5000 bayerische Soldaten. Unter ihnen Karl Albrecht. Aber keine Angst! Während der entscheidenden Gefechte sitzt er in einer sicheren Etappenkutsche.

Bei seiner glücklichen Rückkunft in München stellt der sich als Held fühlende Kurprinz fest, daß sich in Nymphenburg etwas ändern soll. 1718 beginnt dort Josef Effner (31) mit dem Bau der Badenburg, dem künftigen Lustzentrum des Wittelsbachers.

Mit einer der erlesensten Lustzentren der Welt wird 1718 begonnen – mit der Nymphenburger Badenburg.

Doch er schwimmt schon jetzt in den Freuden des Lebens. Von der Kammerzofe bis zur Komteß ist ihm recht, was ein hübsches Gesicht und leichtes Gewicht hat. Haben die Freifräulein beim Kurprinzen keinen Erfolg, so setzen sie auf seinen um zwei Jahre jüngeren Bruder Ferdinand Maria. Beide leben dermaßen ausschweifend, daß am 29. Mai 1718 die Herzogin von Orleans schreiben kann: »Die Printzen von Bayern sollen gar nicht hübsch seyn, aber viel Verstand haben. Vatet sichs bey ihnen, so werden sie den Grisetten brav nachlauffen.«

Amalie oder Eine Ehe ohne Ehre

1719-1725

Karl Albrecht muß die Habsburgerin auf Geheiß des Vaters nur deswegen heiraten, um Erbansprüche auf Kaiser- und Österreich stellen zu können

Die schöne Münchnerin bekränzt im 18. Jahrhundert den Mönch im Stadtwappen. Noch der sonst so nüchterne und schüchterne Historiker Lorenz Westenrieder berührt beim Anblick der »mit einer silbernen Kette geschnürten« steifen Mieder ein Gebiet, das ihm eigentlich fremd ist. Da gibt sich der Kurprinz Karl Albrecht so ganz anders. Unmittelbar nach seiner Rückkehr aus Belgrad steht vor ihm ein junges Blut aus altem Adel – ein Fräulein von Haslang. Wir können es genealogisch nicht exakt einordnen, wissen aber, die männlichen Mitglieder ihrer Familie tun als Obrist-Erblands-Hofmeister, Kammerer und Oberstallmeister Dienst bei Karl Albrecht und seinem jüngeren Bruder Johann Theodor, der gerade im Alter von 16 Jahren Bischof von Regensburg geworden ist und sich bald die Nachfolge des Freisinger Oberhirten Franz von Ecker sichern soll. Dieser schon hatte eine zu genaue Bekanntschaft mit einem Haslang-Fräulein namens Maria Adelheid.

Bei der Entschleierung der entsprechenden Heimlichkeiten in den Separées hat es der Historiker heute nicht leicht, weil die Gesandten in ihren Berichten (nahezu unsere einzigen zuverlässigen Quellen) Tatbestände voraussetzen und zudem mit Chiffren arbeiten. So wenn der österreichische Ambassadeur am Immerwährenden Reichstag in Regensburg, Conrad von Stahremberg, nach Wien berichtet, der Kurprinz dürfe »mit ihr überall hin außgenomen in die Kürchen«. Gemeint ist natürlich die junge Haslang.

Wahrscheinlich Ende 1718, Anfang 1719 wird Karl Albrecht so Vater einer Maria Josepha. Später erhebt er sie zu einem Fräulein von Hohenfels. Aus Namen und Vornamen kann man gewöhnlich Rückschlüsse auf die Eltern ziehen. Demnach vererbt die Mutter ihre ersten zwei Vornamen ihrem Kind. Und daß mit Hohenfels einzig und allein Karl Albrecht gemeint sein kann, werden wir noch sehen. Das Muster hat nämlich System und Bestand.

Eine Ergänzung zur Vollständigkeit: 1718 wird auch Karl Albrechts jüngerer Bruder Ferdinand Maria Vater. Sein Kurtisane schenkt dem 19jährigen ihre ganze Liebe und einem kleinen Joseph das Leben. Er wird einmal zum Grafen von Salern erhoben. Dies darf das 26jährige Fräulein Maria Anna von Pfalz-Neuburg nicht genieren, die am 5. Februar 1719 den illegitimen Kindsvater zu heiraten hat.

Es wird also Hübsches berührt und verführt. Die Prinzen haben das von Vater und Mutter geerbt, möchte man heute sagen. Noch immer nimmt sich der mittlerweile 57jährige Max Emanuel von seinen hübschen Landeskindern, was ihm diese so abtreten. Auch seine mittlerweile 49jährige Ehefrau Therese Kunigunde aus Polen sucht und findet Glück im Spiel und in der Liebe.

Es sind sonnige und sinnliche Jahre in München. Die Pracht des Hofes blendet die Gäste aus aller Welt. Dem verlorenen Krieg und der harten Besatzungszeit folgt eine nie dagewesene Lebensfreude, die sich bis auf die untersten Schichten erstreckt. Barockprälaten geben Bürgern und Bauern in ihren Kirchen Kostproben des Himmels, in dem die erlösten Seelen aus tausend Kehlen ihren Schöpfer preisen. So wird man das Gefühl, im Jenseits sei alles besser, praktisch nie los.

In Kurbayern jener Epoche zählt man pro Jahr neben den 52 Sonntagen noch 124 feste, 19 gebotene und 53 übliche Feiertage. Berücksichtigt man, daß so manches dieser Feste auf einen Sonntag trifft, kommt man auf knapp 200 Tage, an denen in keinem Wald gefällt und kein Feld bestellt wird. Und da an solchen Tagen Gottesdienstpflicht herrscht, sieht man praktisch an jedem zweiten Tag zwischen Altar und Orgel die irdische Lebenslast und himmlische Lebenslust dereinst.

Vorzüglich zu diesem Sujet paßt 1720 das Hamburger Preislied auf München in Berckenmeyers Städte-Lexikon *Vermehrter Curieuser Antiquarius*: »Die schönste Stadt mit in gantz Teutschland« hat ein »wunderschönes Schloss«, über das man liest: »Alles was man nur schön und reich nennen mag, ist daselbst in Uberfluß zu finden.« Kein Wunder, denn es gehe das Sprichwort: »In Bayern wachse das Gold auf den Bäumen, und das Silber werde aus dem Wasser gesotten.«

Auf einen Mangel, der München und Karl Albrecht einmal zum Verhängnis werden soll, geht Berckenmeyer nicht ein. Sehr wohl aber der Leipziger Geograph Johann Hübner. Sein Standardwerk erscheint ein Jahr vorher, also 1719. Auch er lobt die Residenz (»groß, schön und prächtig gebauet«), fügt aber hinzu: »Mäßig fortificiret«. Im Klartext: Im Krieg ist die Stadt eine leichte Beute des Feindes.

Aber wo ist 1720 schon ein Feind? Aus dem ehedem verhaßten Österreich wurde ein Freund – ein so guter, daß man in Wien gewillt ist, dem bayerischen Kurprinzen Karl Albrecht die Kaisertochter Amalie zur Ehefrau zu geben. Verfolgt man jedoch die Heiratsabsprachen, hat man den Eindruck eines Kuhhandels. Der Wittelsbacher kann die 21jährige Erzherzogin samt ihrer Aussteuer haben, wenn er etwas hoch und heilig verspricht. Nein, nicht die eheliche Treue, auch nicht Liebe und Fürsorge. Er muß zusagen, nie die *Pragmatische Sanktion* anzuzweifeln. Nicht in guten noch in bösen Tagen. Das heißt, in Wien hat die dreijährige Kaisertochter Maria Theresia Anspruch auf

Das Hochzeitsbild von Franz Joseph Winter: Karl Albrecht in arroganter Pose, die Braut alles andere als glücklich, 1722.

die Herrschaft. Karl Albrecht verspricht schriftlich, nie auf den Gedanken zu kommen, Gebieter über Austria werden zu wollen.

Man kann jetzt trefflich darüber streiten, ob denn rein rechtlich überhaupt ein weibliches Wesen mit Thronen und Kronen bedacht werden könne. Juristisch gesehen ist die Frau kein Vollmensch. Sie darf ja auch nicht in die Rathäuser, Universitäten und Kabinette und hat nur Pflichten aber keine Rechte. Um des habsburgischen Selbsterhaltungstriebes willen beugt man also Recht und Herkommen. Das sagen die einen. In Wien ist das hingegen Kaffee von gestern.

Unter den Münchner Frauentürmen gelten nach wie vor die altväterlichen Regeln. Die Männer sind die Herren. Karl Albrecht trichtert man dies auch immer wieder ein, so daß er überzeugt sein kann, diese seine Unterschrift sei aufgrund des europäischen Patriarchats, über das die geistlichen und weltlichen Herrschaften ihre schützende Hand halten, von vorneherein Makulatur. Und so wird eine Ehe nicht auf die große Liebe, sondern auf die große Lüge aufgebaut.

Nun noch kurz zu dem armen Geschöpf, das man von Wien nach München transportiert. Zu Amalie, die am 22. Oktober 1701 als Tochter des Kaisers Joseph I. und der Wilhelmine Amalie von Braunschweig-Lüneburg in Wien geboren wurde. Die Großeltern väterlicherseits sind Kaiser Leopold I. und die Wittelsbacherin Eleonore, Tochter von Philipp Wilhelm von Pfalz-Neuburg, der 1680 Kurfürst der Pfalz wurde.

Als sich Karl Albrecht und Amalie das erstemal gegenüberstehen, schreckt er unbeherrscht und dämlich zugleich zurück. Der Wittelsbacher bildet sich nämlich ein, in die Augen ihres bösartigen Vaters, der ihn in Klagenfurt so quälte, zu sehen und spürt so von Anfang an pure Antipathie. Sein eigener Vater Max Emanuel läßt ihm aber keine andere Wahl. Und so treten beide Fürstenkinder am 5. Oktober 1722 in Wien vor den Traualtar. Mehr passiert an diesem Tag nicht. Unser Bräutigam begreift die Welt nicht mehr – noch weniger seine Braut. Für die meisten jungen Leute verheißt der Tausch der Ringe einen Rausch der Sinne, in Wien kein Rausch aber ein Kater.

Dann reist man nach München. Und erst hier wird am 17. Oktober »das hohe Beylager«, wie sich Johann Jakob Moser ausdrückt, »mit grosser Pracht vollzogen«. Amalie läßt man wissen, sie habe ihrem Gemahl in allem zu folgen und Kinder, respektive Knaben, zu gebären. Moser kommentiert: »Sie wuste sich mit der Zeit in sein Naturell überaus wohl zu schicken.«

Die Münchner Hochzeitsfeierlichkeiten ziehen sich nun Wochen hin. Ein Höhepunkt ist »ein kostbares Turnier« im Kuchelhof der

Schloß Schleißheim: Damals wie heute edle Adresse. Die Braut Amalie kann sich hier aber überhaupt nicht wohlfühlen.

Residenz. Nach außen muß Amalie, die bald 21 wird, die Strahlende spielen und mimen. Wie schön wäre in normalen Zeiten das Schloß Schleißheim, wo man speist, jagt, tanzt und spielt! Doch von Decken und Wänden schauen fremde Frauen in Venus-Gestalt. Herunten produzieren sie sich mit ihren hohen Frisuren und tiefen Ausschnitten, mit lüsternen und listigen Augen. Die Fräulein buhlen um die Gunst des Bräutigams, und er hat sich schon entschieden, wie Baron Ignaz von Otten nach Wien berichtet. Für die Schönste.

Sie ist auch am 26. Oktober 1722 dabei, als man sich im Kreise des »wollüstigen Adels« (Berckenmeyer) bei einer Wasserjagd auf dem Starnberger See vergnügt. Darüber schreibt Chronist Pierre de Bretagne: »Die höchsten Herrschaften hatten den Bucentaur bestiegen, die übrigen je nach Rang die kleineren Schiffe. Im Park war ein Einlaß so eingerichtet, daß der gejagte Hirsch gezwungen werden konnte, dort auszubrechen. Die Fürsten und Jäger, durch die Kanonenschüsse von der Ankunft der Prinzessinnen auf den Schiffen benachrichtigt, jagten den Hirsch auf und zwangen ihn durch den Schall der Jagdhörner, aus dem Hinterhalt hervorzubrechen. Wohl 20mal kam er ans Ufer und ging jedesmal durch den Anblick der Schiffe geschreckt wieder zurück. Endlich durch die Hunde gedrängt, die durch die immer blasenden Jäger unterstützt waren, sprang er ins Wasser und die Hunde setzten ihm schwimmend nach und umringten ihn. Sogleich tauchte er unter und verlor sich aus dem Gesicht, aber bald erschien er wieder auf dem Wasser und wurde aufs Neue von den Hunden verfolgt. Je mehr er sich verteidigte, umsomehr wurde er angegriffen. Dieser Kampf dauerte fast eine Stunde und gewährte unendliches Vergnügen.«

Schon am Ende dieser Hatz spürt Amalie höchstwahrscheinlich, daß das Los des von Hunden, Jägern und ihrem Mann gehetzten und dann auch erlegten Rotwildes dem ihren schon sehr ähnelt. Als Karl Albrecht dann seine Ehefrau mit Wasser des Starnberger Sees bespritzt und sie »als Bayerin« tauft, mag man solche Zeremonie für originell halten. Doch einen Spritzer bekommt auch ihr Kammerfräulein ab. Das ist wahre Symbolik!

Damit sind wir bei der 18jährigen Freiin Carolina von Ingenheim, Tochter der hessischen Landgräfin Maria Anna und ihres Mannes Daniel. Das Mädchen steigt gleich der Venus aus dem Starnberger See, und der Taufspritzer stillt noch lange nicht ihren Liebesdurst. Andererseits darf natürlich auch Ehefrau Amalie nicht auf dem Trokkenen sitzen. Der Erbfolge wegen. Und so schwängert sie der junge Wittelsbacher beide. Mit dem Resultat: Das Kind der wahren Liebe überlebt, das der Qual nicht. Am 12. April 1723 gebiert Amalie eine kleine Maximiliane (nach dem Münchner Großvater so getauft). Doch das Siebenmonatskind hat keine Chance.

Der am 4. Oktober 1723 geborene *Filius illegitimus* erfreut sich dagegen bester Gesundheit. Und um Amalie noch mehr zu demütigen, erkennt Karl Albrecht sofort und mit Freuden den Sohn der Ingenheim an. Er fördert und verwöhnt ihn, wie keines seiner legitimen Kinder. Und auch jetzt stellen wir das Unerhörte fest. Der Bastard erhält nicht nur das Wappen des Wittelsbachers, sondern auch seinen Status-Namen: Franz Ludwig von Holnstein aus Bayern. Nach Hohenfels nunmehr Holnstein. Wir kommen gleich darauf zu sprechen.

Die Wochen vor und nach der Geburt eilt und weilt Karl Albrecht wieder kurz zu und bei seiner Amalie. Mitte bis Ende Oktober beginnt ihre zweite Schwangerschaft. Nach dem Glauben der Zeit ist für das Geschlecht des Kindes allein die Frau zuständig. Und so zittert sie ihrem Termin entgegen.

Carolina von Ingenheim wird indes mit dem aus Italien stammenden Grafen Hieronymus von Spreti (28) vermählt. Und zwar in Wolnzach, was deshalb gut zu wissen ist, weil Karl Albrecht auffallend oft dorthin reitet oder fährt. Wie aber vermag Conte

Carolina von Ingenheim. Von ihr erhält Karl Albrecht im Jahr nach seiner Eheschließung mit Amalie den Sohn Franz Ludwig von Holnstein aus Bayern. Kopie, Antiquariat Wien.

Spreti mit dieser Umiliazione umzugehen? Wir wissen es nicht. So können wir auch nur rätseln, wieviel der 14 weiteren Kinder der schönen Carolina von ihm und wieviel von Karl Albrecht sind.

Aber auch das Münchner Liebeskarussell dreht sich weiter. Die organisierte *Bauernhochzeit*, eine Maskerade, in der ein Landwirt den Fürsten und der Fürst den Landwirt spielt, verwandelt die fingierte Hochzeitsnacht – zur echten Liebesnacht. 1723 beispielsweise schreitet Karl Albrecht auf einer *Bauernhochzeit* in der Schar der Knechte, um dann endlich Sklave der Venus werden zu können.

Schon 1724 hat sich das traurige Los der Amalie genug herumgesprochen. Der in München gefeierte Kastrat Filippo Balatri da Pisa (48) bezeichnet sie »Heldin aus Österreich« und »Sinnbild der Tugend«. Über ihren Mann kann der Italiener solche Loblieder nicht singen. Auch nicht über dessen Vater Max Emanuel, der nunmehr schon sein Ende sieht.

Aber noch aus einem so ganz anderen Grund ist das Jahr 1724 ein bemerkenswertes. Am 30. Juni stirbt in Linz der in der Oberpfalz mit

Ländereien gesegnete Graf Tserclaes Ferdinand Lorenz von Tilly im Alter von 57 Jahren ohne legitime Erben. Damit fallen seine sämtlichen Besitztümer an Kurbayern. Der Landesfürst ist also automatisch Herr der dortigen Güter. Zwei davon haben die Namen: Hohenfels und Holnstein.

Wir sehen sofort die Zusammenhänge zwischen ihnen und den Namen der zwei bisher erwähnten illegitimen Sprößlinge. Aber die reiche Erbschaft hat noch weitere schön klingende Orte. Wir werden auf sie zurückkommen, wenn sich wieder ein Bastard Karl Albrechts einstellt.

Vorerst aber ist seine eigene Frau Amalie an der Reihe. Sie schenkt ihm am 18. Juli 1724 als »Unterpfand der ehelichen Liebe«, wie sich der Karl-Albrecht-Biograph Lipowsky ausdrückt, in Nymphenburg eine Tochter. In der heiligen Taufe erhält sie die Namen Maria Antonia Walburga. Sie soll einmal sächsische Kurfürstin und 55 Jahre alt werden.

Wieder nur eine Tochter. Mag ihr Mann über Amalie zornig sein oder nicht. Er muß sich um sie in jedem Fall kümmern. Nur legitimer männlicher Nachwuchs sichert die Thronfolge.

Doch 1725 sucht und besucht Karl Albrecht auch die Abwechslung. Nachdem er von einer erneuten Schwangerschaft seiner Ehefrau erfahren hatte, bricht er nach Paris auf. Auf dem Hinweg macht er längere Zeit in seiner Geburtsstadt Brüssel Halt, wo er ständig unterwegs ist – natürlich auf Freiersfüßen. Sein Hauptquartier bezieht er bei einer jüngeren Tante Amalies. Diese empfängt ihn »zwar zärtlich«, wie Johann Jakob Moser berichtet, doch seine Zudringlichkeiten mag sie gar nicht. Und so kommt es, daß sie sich weigert, mit ihm zu teilen, was er gerne hätte. Die Braten werden getrennt eingenommen, Süßspeisen gestrichen. Karl Albrechts Kommentar laut Moser: »Es ist etwas artiges, daß ich zu München täglich bey einer Ertz-Hertzogin schlafe, ich doch zu Brüssel nicht einmal mit einer Ertz-Hertzogin speisen darf.«

Man sieht, der junge Wittelsbacher kennt keine Scheu und Scham. Das wäre nun ja wirklich der Gipfel, auch von der Tante der eigenen Ehefrau ein Kind zu bekommen. Genügend namensspendende Orte wären ja noch im Tilly-Nachlaß der Oberpfalz. Aber: Es hat nicht sollen sein. So reist er von Brüssel nach Notre Dame, wo er dem Teufel (in Stein) in mannigfaltiger Gestalt begegnet.

In Paris heiratet im September 1725 der 15jährige Knabe und König Ludwig XV. die 22jährige polnische Königstochter Maria. Und auf diesem Fest, auf dem die Braut vor dem Altar in Ohnmacht fällt und mit Melissengeist wieder zu Verstande gebracht wird, verliert diesen der Gast aus München vollkommen. Schwerer Wein und leichte Mädchen füllen seine Tage an der Seine bis zum Überfluß.

Wie ist zu Hause alles so kompliziert. Noch im Jahr der Paris-Reise konfrontiert Max Emanuel seinen Sohn mit seiner jammer- und verhängnisvollen Botschaft. Karl Albrecht liest: »Es läßt sich nicht leugnen, daß sich eine große Umwälzung in Europa, vor allem aber im Reiche vorbereitet. Angesichts dieser bestimmten Tatsache muß man Partei ergreifen, so oder so, denn zwischen zwei Wassern schwimmen wollen, hieße, sich den Untergang weihen, ohne Hoffnung, ohne Rettung und ohne Ehre. Und doch haben ich und meine Nachkommen für den Fall des Aussterbens der männlichen Linie des österreichischen Hauses das beste Recht, in den ersten und höchsten Rang vorzurücken und den ansehnlichsten Teil der Erbschaft zu erlangen. Ich habe mich neuerdings über unsere Erbfolgerechte unterrichtet,

Daß der Teufel vor allem die Ehebrecher begehrt, erfährt Karl Albrecht sehr augenscheinlich in Paris. In einem Tympanon von Notre Dame steht Satan vor dem seelenwägenden Michael.

und ich kann dir mit vollem Fug die Versicherung geben, daß wir in den hiesigen Archiven bündige Originaldokumente besitzen, die über den Anspruch unseres Hauses auf Ober- und Niederösterreich, Kärnten und Steiermark keinen Zweifel bestehen lassen.«

Was nützen aber alle Erbansprüche, wenn es im eigenen Haus keine männliche Nachkommenschaft gibt? Und so schauen Vater und Sohn Ende 1725 immer wieder auf den Bauch der Amalie. Am 6. Dezember ist es schließlich soweit. Dann die langen Gesichter. Wieder nur ein Mädchen: eine Theresia Benedikta.

Es sind traurige Weihnachtstage. Vor 20 Jahren hausten hier die Österreicher. Amalies Vater Joseph befahl eine Massenmassakrierung. Die *Sendlinger Mordweihnacht* von 1705 kostete den Besten das Leben. Schon glaubt man, die Tochter Josephs I. vollende das Elend der Bayern und Wittelsbacher. Erstmals wird Karl Albrecht handgreiflich.

Und vor dem Schloß steht ein ganz ungebetener Gast: der Tod. Er streckt den *Blauen Kurfürsten* Max Emanuel auf das schwarze Paradebett. Am 26. Februar 1726. Sein ältester Sohn Karl Albrecht ist neuer Landesherr.

Herrschaft über ein »gesegnetes Land«

1726

Der Kurfürst gebietet über ein wohlhabendes Territorium, hat aber hohe Schulden und mit dem Immerwährenden Reichstag seine liebe Not

Karl Albrecht fällt als viertem bayerischen Kurfürsten in der achten Kalenderwoche des Jahres 1726 die Macht zwischen Altmühl und Alpen zu. Er hat von seiner Ehefrau drei Töchter, von denen nur noch zwei leben, und von seinen Geliebten eine nicht feststellbare Zahl von Bastarden. Seine größte Sorge: Er braucht bald einen legitimen Sohn – und dazu natürlich die ungeliebte Amalie.

Dieses Wiener Blut ist jetzt 24, nicht gerade schön, aber auch nicht häßlich. Betrübten Herzens sieht sie, wie sie ihr Ehemann betrügt – und was noch schlimmer ist, auch verdrischt. Gräfin Solms-Rödelheim ist Zeugin dieser Barbarei. Und so weiß es bald Deutschland, daß Karl Albrecht »seine Gemahlin bisweilen auf eine Art gemißhandelt habe, welche die niedrigste genennet zu werden verdienet«. Das berichtet so der bereits erwähnte Bülow. Und auch dessen Vorbild Johann Jakob Moser, der die erste Karl-Albrecht-Biographie schreibt, streift dieses Thema. Nach seiner Darstellung zeigt Amalie besagter Hofdame eine kleine Schachtel mit Haaren, die ihr der Ehegemahl im Zorne ausgerissen hatte.

Wie Karl Albrecht als Hausherr – so ist er auch als Landesherr. Der bayerische Staatsrechtler Franz von Schmid liefert zu dieser autoritären Attitüde die Grundlage: »Gott selbst betrachtet die Fürsten als Götter.« Man muß diesen Satz, der Christen- und Heidentum zusammenreimt, zweimal lesen, um den ganzen Schwach- und Wahnsinn zu erfassen. Doch dieser ist noch steigerungsfähig. Schmid: »Gott hat die Fürsten auf die obriste Staffel der Hochzeit gesetzt. Das Volk ist wie das Meer, die Fürsten aber sind wie der Windt, die das selbige aufblasen und wiederum erniedrigen, wan es Ihnen gefällt.«

Mag das angesprochene Hochzeitsfest noch so feist sein, die Morgengabe muß man armselig nennen. Aus dem Meer, das Karl Albrecht nach Gutdünken bewegen darf, ragt nämlich ein gigantischer Schuldenberg (30 Millionen Gulden). Man kann sich diese Summe erst richtig vorstellen, wenn man weiß, daß der Jahreslohn eines Knechts rund zehn Gulden beträgt. Um von diesen enormen Verbindlichkeiten herunterzukommen, so berichtet Moser, »verminderte der Churfürst die Kriegs-Völcker und schaffte viele überflüßige Bedienten ab«.

Eine Roßkur erfährt auch der wittelsbachische Pferdebestand. Von den 1400 Gäulen Max Emanuels werden 700 spornstreichs ausge-

Arme Amalie: Sie wird von Anfang an von ihrem Ehemann betrogen und verdroschen. Bildnis von Frans van Stampart.

27

mustert. Sofort abserviert wird auch die »Marschalls-Tafel«. Moser erzählt dazu, Karl Albrecht »speisete mit seiner Gemahlin gantz allein«.

Dabei ist Kurbayern relativ wohlhabend. »Ein von Gott und der gütigen Natur reichlich gesegnetes Land«, nennt es Moser. Es zählt 1,2 Millionen Untertanen, die auf 41 580 Quadratkilometern (Bayern heute fast doppelt so groß) leben. Das Kurland ist nahezu mit Altbayern identisch, freilich zählen die geistlichen Territorien wie Passau, Freising und Eichstätt nicht dazu, auch nicht die Reichsstadt Regensburg und das Herzogtum Pfalz-Neuburg.

Schwarze Zahlen mit dem Weißbier. Karl Albrecht verdient mit ihm sehr gut. Trinkender Cosmas Damian Asam in Alteglofsheim (Selbstbildnis).

Über die wirtschaftliche Situation in den ersten Regierungsjahren Karl Albrechts klärt uns der Reiseschriftsteller Carl Ludwig von Pöllnitz auf. Mit sieben bis elf Millionen Gulden kann der Kurfürst jährlich rechnen. Und woher kommt dieses Geld? Pöllnitz: »Dasjenige, was dieses Land reich machet, ist die Ausfuhr des Salzes und des Korns, samt dem grossen Abgang des Biers, so im Lande gebrauet wird, und an Güte dem allerbesten Bier, so man an anderen Orten hat, nichts nachgiebt. Tyrol und das Erz-Bischofthum Salzburg bekommen fast alle ihr Korn aus Bayern, und giebt jeder Sack bey der Ausfuhr einen Gulden für den Churfürsten. Noch etwas, so ein rechter Schatz vor das Bayrland, ist das Tannen-Holtz, welches zu allem, was man sich nur immer vorstellen kan, so wohl beym Bauen, als sonst im Haußwesen gebrauchet werden kan. Ubrigens ist kein Land im Römischen Reich, wo die Lebens-Mittel von besserm Preiß sind; gleichwohl werden dieselben stark verbraucht; denn ausser dem, daß die Bayern gut zu essen und zu trinken gewohnt sind, ist auch das Land sehr Volkreich.«

Und mit noch etwas schreibt Karl Albrecht schwarze Zahlen: mit dem Weißbier. Pöllnitz erwähnt es nicht ausdrücklich. Aber Johann Jakob Moser stillt den Wissensdurst der Zeitgenossen mit einem entsprechenden Hinweis. Wahre Medizin nennt das süffige Getränk der große Agrarwissenschaftler Wolfger von Hohberg (wohnhaft in Regensburg und Nürnberg) am Ende des 17. Jahrhunderts. Das »aus Waitzen Maltz« gemachte Bier sei geeignet, »denen, die von langwührigen Kranckheiten sehr haben abgenommen, wieder aufzuhelffen«. Es reinige Nieren- und Harngänge. »Das Monopolium von weissem Bier soll allein über eine Million Gulden jährlich eintragen«, berichtet Moser.

Wirtschafts- und Handelsmetropole des altbayerischen Landes ist aber nicht die Hauptstadt München, sondern die freie Reichsstadt Regensburg, wo von 1663 bis 1806 der Immerwährende Reichstag festsitzt. »Regenspurg unser Edles Regenspurg«, so ruft der in Straubing geborene Abt Peter Gerl aus, »diese uralte Hansee-Stadt, der würdige Sammelplatz deren Geschäfften des sammetlichen Heiligen Römischen Reichs.«

Für Karl Albrecht von größter Bedeutung: der Donauhafen. Johann Jakob Moser schreibt: »Regenspurg dienet zu einem wichtigen Saltz-Magazin, aus welchem dieses denen Europäern so nöthige Gewürtze auf einem kleinen Wasser nach Amberg und in die Oberpfaltz, auf der Donau aber in die übrige Nachbarschafft versendet wird. Mit der Stadt Regenspurg sind wegen solcher Handlung gewisse Verträge geschlossen.«

Und dieser Wirtschaftsplatz Regensburg zeigt Karl Albrecht eine weitgehende Handelseinigkeit seiner Gegner, wenn es um die *Pragmatische Sanktion* geht. Auf dem Immerwährenden Reichstag hat er von neun Kurstimmen eigentlich nur eine, seine eigene, ganz sicher. Mit einer weiteren, der seines Kölner Bruders Clemens August, kann er günstigstenfalls rechnen, auf die kurpfälzische momentan eher nicht. Karl Philipp (65) in Mannheim, so hört er, wolle das neue österreichische Hausgesetz anerkennen. Die Habsburger haben mit seiner Mätresse Violanta von Thurn und Taxis (43) Kontakt aufgenommen und sie bestochen.

Des Kurfürsten wichtigster Handelsplatz: Regensburg an der Donau. Zu beiden Seiten der Steinernen Brücke hat er große Lager.

30

Die Chancen im weniger bedeutenden Fürstenkollegium von Regensburg muß man als noch geringer beurteilen. Auch von 1727 an, als Karl Albrechts weiterer Bruder Johann Theodor neben dem Regensburger Hochstift das Freisinger erhält. In diesem Gremium wäre allenfalls ein einheitliches Pro-Wittelsbach-Votum von Interesse. Aber davon ist man weit entfernt.

Was soll hingegen die Erbsenzählerei? Karl Albrecht hält es für absolut ungerecht, daß man ihm Österreich samt Kaiserkrone vorenthalten will. Und so verstehen wir auch seinen Wahlspruch: »Der Gerechte wird gleich einer Palme blühen.« Wie wahr! Am Ende seines Lebens, damit greifen wir der Tragödie ein bißchen vor, bleibt dem Kurfürsten die Palme versagt. Und er ist somit laut eigener Aussage alles andere als ein Gerechter.

In dieses Klischee paßt auch die Administration Karl Albrechts. Seine Räte sind ihm bis zur bitteren Neige hörig. Nur einen kann man einen Realpolitiker mit Kalkül nennen: den Hofkanzler Franz von Unertl. Übertragen auf heutige Termini sieht das bayerisch-kurfürstliche Kabinett so aus: Ministerpräsident: Graf Maximilian von Törring-Seefeld. Außen- und Kriegsminister: Graf Ignaz von Törring-Jettenbach. Justizminister: Graf Georg von Thürheim. Wirtschaftsminister: Graf Maximilian von Preysing.

Sie haben in der Hauptstadt schöne Häuser oder bauen sich solche. Einer dieser Adelssitze steht noch heute: der Preysing-Palast gegenüber der Residenz. Das Treppenhaus darin (heute öffentlich zugänglich) zeugt von dem Stolz des Besitzers, von seinem Willen, seine tragende und herausragende Stellung bei Hofe zu dokumentieren. Steht man oben, kann man sich gut vorstellen, daß die Putti den Introitus zum zweiten Akt der Oper *Der Rosenkavalier* des Münchner Komponisten Richard Strauss spielen und daß jeden Augenblick Octavian mit seiner silbernen Rose heraufschreitet. Der Stuck stammt von dem genialen Johann Baptist Zimmermann (46).

Die Architekten, Baumeister, Maler und Stukkateure haben in den ersten Regierungsjahren Karl Albrechts viel Arbeit und verdienen überdurchschnittlich. Manche von ihnen können sich ähnliche Paläste wie der Adel leisten. So kauft sich am 4. Mai 1726 der begnadete Johann Baptist Gunetzrhainer, ein gebürtiger Münchner, den Grund für sein Künstlerhaus am Promenadeplatz. Er ist gerademal 34 Jahre alt und der Wegbereiter des süddeutschen Rokoko.

Sein Neubau mit der wirklich edlen Fassade besticht noch heute. Die in das Dekorationssystem eingebundene Madonna erregt schon damals Aufsehen. Wie sehr der sonst sehr eingebildete Adel das Künstlervolk hofiert, zeigt die Tatsache, daß sich Baron Unertl nicht zu schade ist, die Patenschaft des Gunetzrhainer-Stammhalters zu übernehmen.

*Schloß Nymphen-
burg, glanzvolle Som-
mer- und Liebesresi-
denz Karl Albrechts.
Stich 19. Jahrhun-
dert.*

Zur gleichen Zeit, als der Künstler mit seinem Münchner Stadt-
haus beginnt, wird in Osterhofen der Grundstein für die dortige Kirche gelegt. Architekt ist Gunetzrhainers Schwager Johann Michael
Fischer, der den Bau 1728 vollendet. Dann ziehen die Brüder Asam
ein und steigern sich in einen Farben- und Formenrausch hinein, der
die Besucher noch heute in seinen Bann zieht.

Die Adelspaläste, Künstlerherbergen und Klosterkirchen werden
natürlich von der Residenz Karl Albrechts überschattet. Der Kurfürst
wohnt nach übereinstimmenden Äußerungen der Zeitgenossen in
einem der schönsten Häuser der Welt. Und doch genügt es ihm nicht
und er ordnet grandiose Verschönerungen an, wie wir sehen werden.
Dazu stehen ihm noch die Sommerresidenzen in Nymphenburg,
Starnberg, Berg und Schleißheim zur Verfügung. »Unter allen regierenden Herren von Europa, ausser dem König in Frankreich, hat keiner schönere Lust-Schlösser, als der Churfürst von Bayren«, schreibt
Freiherr von Pöllnitz.

Phantastische Berichte über die beiden am Münchner Stadtrand
gelegenen Sitze fließen aus der Feder des schon erwähnten britischen
Hofrates Johann Georg Keyssler, der bald nach dem Regierungs-
antritt Karl Albrechts in München weilt. »Der Eingang des Schlosses
Sleisheim«, so schreibt er, »ist trefflich, und sowohl das Estrich, als die
vielen reihenweise stehenden Seulen, von rothem und grauem Mar-

*Der Palast des Grafen
Maximilian von
Preysing in München.
Das grandiose
Treppenhaus ist noch
heute zu besichtigen.*

Farben- und Formen-rausch der Gebrüder Asam in Osterhofen. Der entzückte Agilofinger-Herzog Odilo (+748) links vom Hochaltar.

Johann Georg Keyssler, britischer Hofrat aus Hannover, berichtet ausführlich über Karl Albrecht und seine Residenzen.

mor.« Und weiter: »Die Treppe wird mit Seulen von grünem Marmor ausgesetzt, welcher von Brixen kömmt, dahingegen der rothe Marmor in Bayern selbst gebrochen wird. In dem ersten obern Saale sind in zwey großen Gemälden der Entsatz von Wien und die Schlacht von Hagaz vorgestellt. In dem nächst daran stoßenden Victoriensaale sind des vorigen Churfürsten bey Belgrad, Pest, und andern Orten befochtene Siege von dem noch lebenden Künstler Bruch, abgemalet.«

Selbstverständlich kutschiert Keyssler auch nach Nymphenburg. »Ist dem Gebäude nach nicht so prächtig als Schleisheim«, stellt er fest, schwärmt aber dann doch: »Man sieht in etlichen Zimmern die Portraite von dem schönsten Frauenzimmer des französischen Hofes, nebst den Gemälden von den Schlössern Dachau, Starenberg, Sleisheim, Nymphenburg etc. desgleichen einen Kamin und zween Tische von weißem Marmor mit eingelegtem Golde und Farben nach Art der emaillirten Arbeit.«

Wallfahrten gesegneter Umstände halber

1726/27

Der Kurprinz Max Joseph wird geboren, der bayerisch-französische Pakt erneuert, die Ahnengalerie der Residenz konzipiert und das Volk tyrannisiert

1726 sollte endlich der heiß ersehnte Kurprinz geboren werden. Allein, es reifen Mirabellen und Kornäpfel – und nichts deutet auf eine Leibesfrucht Amalies hin. Da beschließt man, die Jungfrau Maria von Altötting um Beistand anzurufen. Und so brechen am 22. Juli Karl Albrecht, seine Frau und sein bischöflicher Bruder Johann Theodor zu dem »uralten Maria Bild« auf. »Loretto der Baiern« nennt man den Ort, in dem die Menschen seit Jahrhunderten um gewisse Vorteile und Nachwuchs bitten, was oft abstruse Formen annimmt. So spottet der Jurist und Schriftsteller Johann Kaspar Risbeck über Altötting: »Wo ein reicher Pfaff vor dem Altar der wunderthätigen Maria in der Nacht eine Jungfernschaft eroberte, auf die er schon lange Zeit Jagd gemacht.«

Und die Heilige hilft auch der Kurfürstin. Schon wenige Tage nach der Wallfahrt erfährt Karl Albrecht von der vierten Schwangerschaft seiner Frau. Wenn da nicht überirdische Mächte am Werk sind! Natürlich hat man nicht für eine Tochter gebetet. Ein Sohn hat es zu sein. Mal sehen, ob er 1727 eintrifft.

Amalie muß sich jetzt schonen, was ihrem Mann ganz recht ist, warten doch in Nymphenburg die schönsten Fräulein. Dazu hat er die wirklich nette und adrette Carolina von Ingenheim noch immer nicht vergessen. Das waren vielleicht selige Stunden mit ihr! Vorerst ernennt er ihren Bruder Carl zum kurfürstlichen Forstmeister in Burghausen, das ja Sitz eines Rentamts ist. Mag das Amalie auch mental schmerzen, Linderung ihrer körperlichen Beschwerden schafft der Medikus, der sie laut Hofkalender »zu dero Schwangerschaft zur Ader« läßt.

Diesem Hofkalender verdanken wir, weil sich in der Politik fast alles um die *Pragmatische Sanktion* dreht, auch viel Klatsch. Da lesen wir über eine »offentliche Tafel« am 9. November 1726. Aufgetragen wird an diesem Tag in der Residenz »eine Lax-Forelle, so in dem sogenannten Chiemsee in Bayrn den 6. Novemb. gefangen worden, rund 30 Pfund instehend im Gewicht gehalten«. Amalie ist zur Zeit des Fischgerichts schon im vierten Monat.

Dann endlich am 27. März 1727 ist es soweit. Die ersten Wehen gehen mit tausendfachem Flehen zum Himmel einher. Am 28. März erfüllen sich schließlich alle Wünsche. Als Karl Albrecht von dem

Ereignis erfährt, so berichtet der Historiker Lipowsky, »eilte er in der leidenden Gebährerin dämmerndes Kabinett, wo er um 3/4 auf 2 Uhr Nachmittags das theure Pfand ehelicher Liebe, einen holden Prinzen, an sein Vaterherz gedrückt.«

Bayern hat einen Kurprinzen, der auf die Namen Max Joseph getauft wird und einer der besten Herrscher des Landes werden soll. Kirchliche und weltliche Feiern großen Stils lösen sich jetzt ab. Böller, Blasmusik und Gottesdienste!

Zur Taufe in der Liebfrauenkirche hat Karl Albrecht seine zwei geistlichen Brüder Clemens August und Johann Theodor eingeladen. Ersterer ist Erzbischof von Köln, der andere Bischof von Regensburg. Nach den Wappen im Münchner Rathaus (von Ulrich Füetrer) gehören ihre Residenzstädte zu den »vier Bauern« im Reich (zusammen mit Salzburg und Konstanz). Während der Taufzeremonien erhebt sich über dem Neugeborenen ein goldener Baldachin. Unter das Volk werden vor der Residenz 26 000 Gulden geworfen.

Man hat also einen männlichen Erben in München, in Wien keinen. Die nunmehr zehnjährige Maria Theresia, so gelobt sich Karl

Der Kurprinz ist endlich geboren. Volksfest vor der Münchner Residenz. Kupferstich Elias Bäck.

Albrecht, soll keine Chance und er ihr Land bekommen. Seinen Anspruch auf den Kaiserthron unterstreicht Karl Albrecht nunmehr umsomehr.

Die erste Gelegenheit spiegelt sich in der Ahnengalerie der Residenz wider. Anstelle des Gartensaals präsentiert der Hausherr dort von 1727 an die Blüte des Wittelsbacher-Stammbaums. Über 120 Porträts zeigen die ungemein illustre Abstammung des Auftraggebers. Insbesondere legt man Wert auf die Tatsache, daß Kaiser Ferdinand I. über seine Tochter Anna ein Ahne des Wittelsbachers ist. Warum dieser daraus abgeleitete Erbanspruch via weibliches Familienmitglied laufen darf, der von Maria Theresia aber nicht anerkannt wird, gehört natürlich zu den Geheimnissen des weißblauen Erbschleichers.

Während die Planungen zur Ahnengalerie weiter fortschreiten, feiert Karl Albrecht immer noch die Geburt des Kurprinzen. Zwei Monate lang schließt ein Fest an das andere an. So lesen wir unter dem 14. Mai 1727 im Hofkalender: »Wurde auf dem Churfürstl. Lust- und Jagd-Schloss Fürstenried von denen Durchleuchtigsten Chur- und Fürstlichenn Personen, auch dem hohen Adl eine Bauren-Hochzeit und darauf von der Durchl. Regierenden Churfürstin und Durchl. Herzogin, auch andren Frauen-Zimmeren ein Turnier in schönen hierzu ganz neu-verfertigten Wägelein aufgeführet.« Am Tag darauf veranstaltet man »zwischen Nymphenburg, Allach und Mosen ein Turnier auf lebendige Thier zwischen zweyen kleinen Wäldlein«.

Am Ende der Feierlichkeiten dokumentiert Karl Albrecht vor aller Welt den Anspruch auf die Kaiserkrone. Er weiß genau, daß er sie ohne Frankreich nie erreichen kann. Und so bittet er Paris am 26. Mai 1727 um die Erneuerung des bayerisch-französischen Vertrages von 1714. Jetzt umkreist den mitteleuropäischen Himmel ein fürchterliches Gespenst – der Krieg zwischen den Vertragspartnern und Österreich.

Dabei könnte auch ohne den Austria-Anspruch zwischen Amberg und Zugspitze alles so glorios sein. Cosmas Damian Asam malt gerade im Mittelschiff der Münchner Heilig-Geist-Kirche den Brezenreiter. Er erinnert damit an eine Spende eines Patriziers an die Armen des Mittelalters. Dann wird in Niederaltaich das prachtvolle Gotteshaus der Benediktiner geweiht.

Freilich, in das Festgeläute am Donaustrand mischen sich die Disharmonien des Kurfürsten. Er nimmt am 4. Juni 1727 dem Abt von Niederaltaich in schon sehr launen- und boshafter Weise die Titulatur eines Primas der Äbte Bayerns. Mit diesem Prädikat darf sich nunmehr der Leiter des Klosters Tegernsee schmücken.

Und noch andere Personal-Entscheidungen werden getroffen. Karl Albrecht beginnt mit der Entlassung diverser Künstler, die sich bis dahin höchster Bewunderung erfreuen durften. So wird 1727 dem

Charles Dubut (Stuck in der Badenburg und im Victoriensaal Schleiß-heims) mitgeteilt, auf seine Dienste verzichten zu können. Auch Jacopo Amigoni (Deckengemälde in Schleißheim und im Festsaal der Badenburg) verläßt München.

Dafür stellt Karl Albrecht allerdings den 1700 in Antwerpen gebo-renen Peter Jacob Horemans im Jahr 1727 als Hofmaler an, einen viel zuwenig gewürdigten Künstler, der die besten Porträts auf Gruppen-bildern abliefert und einen unglaublichen Sinn für Symbolik hat – das Gift der Zeit. Vor allem die Wittelsbacher-Feste hält er akribisch fest.

Münchens Brezen-reiter. Gemälde von Cosmas Damian Asam in der Heilig-Geist-Kirche.

39

Zu einem solchen Vergnügen bricht Karl Albrecht am 21. Juni 1727 auf. Über Mindelheim reist er an diesem Tag nach Hohenschwangau. Dort werden laut Hofkalender »eine grosse Anzahl dergleichen Gämbsen geschossen und vile lebendig gefangen«.

Am 13. August pilgert der Hof wieder nach Altötting, wo man Maria um einen zweiten Sohn anfleht. Doch auch von der heiligen Walburga hält man sehr viel. Und so zieht man am 17. November 1727 nach Eichstätt, »umb alldorten vor dem Gnadenöl-fliessenden Reliquien der Wunder thätigen Heil. Jungfrauen Walburga Dero hohe Andacht zu verrichten, welches dan auch zu besonderer Auferbäulichkeit aller Anwesenden geschehen ist.« Um ja sicher zu gehen, hinterläßt man in Eichstätt »ein reiches Opffer von etlich tausend Gulden«.

Doch man muß auch selbst etwas dafür tun. Und so kümmert sich nach dem Eichstätter Gebet Karl Albrecht mehr als sonst um seine Frau. Tatsächlich zeigen seine Ver- und Gesuche zu Hause und im Betstuhl Wirkung, wie es sich nach neun Monaten offenbaren soll.

Wer nun glaubt, das Jahr 1727 verlaufe in ruhigeren Bahnen, ohne Affären und Mätressen, täuscht sich. Im Januar sieht man Karl Albrecht wieder bei Carolina von Ingenheim, der seit November 1725 verheirateten Gräfin Spreti. Freiherr Friedrich von Plettenberg berichtet das nach Kurköln.

Exakt neun Monate später wird sie Mutter eines Mädchens. Da müßte man sich jetzt gar nicht viel denken. Doch Karl Albrecht befiehlt, dieses Ereignis in den Hofkalender aufzunehmen. Das hat natürlich offiziellen Charakter. Von den vielen Geburten des wirklich zahlreichen Hofadels werden nämlich nur diejenigen vermerkt, die in einer engen Beziehung zum Kurfürsten oder zu seinen Brüdern stehen.

Daß Karl Albrecht seine Seitensprünge so erhebend findet, hängt ebenso mit seiner Selbsteinschätzung zusammen – wie die Mißhandlungen der in gleicher Weise sich auslebenden Untertanen. Er verhängt nämlich 1727 schlimmste Strafen, um die Quote der unehelichen Kinder in Bayern zu vermindern. Nur mit körperlicher Züchtigung und Verstümmelung, so glaubt er, sei dem »gedachten Üebel der Leichtfertigkeit und Schwängerungen wie auch dem Laster der Ehebrüch und Blutschanden« entgegenzutreten. »Unsere Fürstentümer und Lande sind mit dergleichen unehelichen und konsequenter zu Erlernung der Handwerker untüchtigen Leuten und Müßiggehern gar zu viel angefüllt«. – Zur Erklärung: Wer nichtehelicher Geburt ist, wird von der Kirche ebenso erbarmungslos diskriminiert wie von der Regierung. Man darf als solch armes Geschöpf in Bayern weder Priester Gottes noch Brotbäcker, Bräu oder sonst ein Handwerker werden.

Weidmanns Heil und Schürzenjägerei

1728

Bischof Johann Theodor bekommt eine Tochter, die später seine Geliebte werden soll, Karl Albrecht den zweiten Kurprinzen und Jagdbesuch aus Trier

In der größten Freude schwelgt man 1728. Das so hochgeborene wie tief religiöse Paar glaubt nach seinen Wallfahrten fest daran, daß ihm der Himmel wieder einen Sohn bescheren wird. Doch da kommt es im Frühjahr zu einem mittleren Verkehrsunfall. Trotz ihrer vorgerückten Schwangerschaft geht die Kurfürstin auf die Jagd. Dabei läßt sie in der Chaise einen Hirschen in einer solchen Geschwindigkeit verfolgen, daß das Gefährt kippt.

Karl Albrecht schimpft und will ihren Kutscher bestrafen. Doch sie verbittet sich dies und gibt dem Unglücksfahrer noch das übliche Trinkgeld in Höhe von »siebentehalb Gulden«, wie Keyssler erzählt.

In der Hoffnung, daß ihm die Gattin ja einen zweiten Sohn schenkt, verzeiht Karl Albrecht dem Kutscher und lenkt schließlich ein.

Aber es geraten noch andere auf die schiefe Bahn. So Karl Albrechts Bruder Johann Theodor, dessen Verkehr mit der jungen Baronin Maria Franziska von Litzlburg wiederum das Klatschthema Nummer eins ist. Sie wird am 3. Mai 1728 mit dem Kammerherrn Johann Joseph von Hörwarth vermählt. Obwohl beide dem niederen Adel angehören und solche Verbindungen in Kurbayern wahrlich keine Seltenheit sind, erscheint die Nachricht im offiziellen Hofkalender. Und nicht nur das, man spricht von einer »hohen Vermählung«.

Wie bereits angedeutet, solche Fälle setzen »den Fall« der Braut voraus und sind nicht ohne Pikanterie. Die Litzlburg wurde am 4. Oktober 1727 Mutter. Und Vater ist besagter Johann Theodor, Bischof von Regensburg und Freising. Man taufte das Kind auf die Namen Maria Karolina.

Johann Theodor, Bischof von Regensburg und Freising und Bruder des Kurfürsten, lebt dermaßen ausschweifend, daß er sogar von seiner eigenen Tochter einen Sohn bekommt. München, Ahnengalerie der Residenz.

Mit den Affen ver-
glichen werden in der
Karl-Albrecht-Zeit
die nichtadeligen
Frauen. Die Männer
warnt man vor ihnen
und ihrem Gift.
Epitaph an der
Außenmauer der
Münchner Lieb-
frauenkirche.

42

Diesem Mädchen soll es einmal sehr gut gehen. Man kann es bestimmt kein legitimes Kind nennen. Da die Kleine aber »aus fürstlichen Lenden« stammt, wie man damals sagt, gehört sie auch zur Oberschicht. Vater Johann Theodor verwöhnt sie nach allen Regeln der Kunst. Und als sich ihm in späterer Zeit Reife und Reize seines Sprößling so richtig offenbaren, kommt es zum Gipfel der Ausschweifung überhaupt. Durch die Unvorsichtigkeit eines Hofarchivars Wittelsbachs erfahren wir, daß der Bischof gleichzeitig Großvater und Vater eines Kindes wird.

Auf so ein Delikt steht in Kurbayern selbstverständlich die Todesstrafe – auch in den Hochstiften Regensburg und Freising, über die der saubere Bischof gebietet. Schon das einfache Lager zweier vor dem Altar nicht verbundener Menschen wird als Straftat geahndet. Die Untertanen haben nach dem süßen Genuß oft nur Verdruß. In erster Linie natürlich diejenigen Frauen, deren Körper den Beweis liefern.

Wie immer sind sich in solchen Fällen Thron und Altar einig. In besonderer Weise, wenn es von den mit den greisen Kirchenvätern oder Evangelisten gezierten Kanzeln herab gegen die Frauen geht, ersetzt ein schmutziger Haß das Gebot der Liebe! »Die Weiber seynd gleich denen Affen«, lesen wir in einem Homiletikbuch (*Geistlicher Bien-Stock*) der Zeit, das aus einem bayerischen Kloster in die Münchner Universitätsbibliothek gelangt. Man vergleiche die Frauen, so lesen wir weiter, »mit rothen Aepfflen, welche zwar Lust zum essen machen, allein einen garstigen Wurm in sich haben«.

Das böse an solcher Weltsicht ist neben der Diskriminierung weiblichen Wesens die Aufforderung an die Obrigkeit von Gottes Gnaden, die Sünden schon auf Erden hart zu bestrafen. Und Karl Albrecht hat da keine Bedenken. Just als Maria Karolina zur Welt kommt, prasseln erneut kurfürstliche Verordnungen »gegen heimbliche Niederkünfte« und gegen Ehebruch und Ausschweifung auf die Untertanen nieder.

Einwände gegen solche Widersprüche in schriftlicher Form sind in Kurbayern nicht möglich. Exakt fünf Tage vor der Hochzeit der schönen Litzlburg befiehlt Karl Albrecht eine strenge Zensur der Presse. Und die mündliche Auseinandersetzung mit den Mißständen der Zeit geißelt und verdammt die Kirche. In dem *Christlichen Hand-Büchlein* von 1728 lesen wir: »Die Gelehrte trauen oft zu viel auf ihren Verstand, auf ihr Wissen, und sind also nicht so tüchtig zum einfältigen Glauben.«

Ausführlich gesprochen und geschrieben werden darf natürlich über das Ereignis am 25. August 1728. Tatsächlich wird Kurfürstin Amalie von einem zweiten Knaben entbunden. »Welcher Printz noch an diesem Tag abends 6 Uhr durch Herrn Dechand bey Unserer Lieben Frauen den heiligen Tauff empfangen und die Namen Josephus, Ludovikus, Franziskus de Paula, Georgius, Benno Maria Antonius bekommen hat« (Hofkalender).

Karl Albrecht auf seinem Gipfel! Er hat zwei gesunde Erben männlichen Geschlechts, der Kaiser Karl VI. nicht. Und um den Habsburger besonders zu demütigen, verbietet er noch 1728 seinem Gesandtschafts-Personal, zum österreichischen Deputierten *Exzellenz* zu sagen. Anspruch auf diesen Titel hat nur ein Ambassadeur eines Kurfürsten, welcher der Habsburger ja in diesem Falle nicht ist.

Leider bremsen den Bayern in seinen Höhenflügen seine Minister nicht. Einer, der ihm am meisten zuredet, auf das österreichische Erbe zu pochen, ist Graf Preysing. Als dann 1728 alle Welt sein eben vollendetes Palais bewundert, wird er noch unerträglicher. Vom phantastischen Treppenhaus mit Zimmermanns Stuck haben wir bereits gesprochen. Die Prachtfassaden stammen von Effner und sind »11 Fenster breit und 18 Fenster lang«, wie der ungarische Edelmann Rotenstein erzählt.

Vom Bucentaurus und dem Bacchanal auf dem Starnberger See zur Orgie ist ein kurzer Weg. Kupferstich: Michael Wening.

Das Wunder bestaunt auch der Trierer Kurfürst und Bischof Franz Ludwig, ein im (heute) bayerischen Neuburg an der Donau geborener Wittelsbacher, der am 12. Oktober 1728 nach München, respektive zuerst nach Nymphenburg, kommt. »Mittags offene Tafel mit gewöhnlicher Hof-Music, nach welcher man sich mit Fasanen-, Rebhühner- und Haasen-Schiessen divertirte«, liest man im bayeri-

schen Hofkalender. Am Abend wird dann »der gantze Garten illumi-
niert, während Zeit Höchstgedacht. Durchleuchtigste Personen sich
in die auf dem grossen Canal sehr manifique aufgerichteten Machi-
nen begeben, darauf offentlich gespeist«.

Karl Albrecht bietet dem Trierer Bischof, der sich nie zum Priester
hat weihen lassen, jede Ehre, jedes Vergnügen. Er braucht nämlich den
nunmehr 64jährigen Verwandten, den künftigen Inhaber der wichtigsten Kurstimme (Mainz), für seine Kaiserträume. Unter dem 14. Oktober lesen wir im Hofkalender: »Karussell von Damen und Kavalie-
ren in dem Turnierhaus«. Abends dann »Souper mit kleinen Tafeln und
Maskierten-Freiball im Kaisersaal.« Am nächsten Tag muß man sich
selbstverständlich erholen – auch von den Umarmungen beim Tanz
danach.

Am 16. Oktober dann der Höhepunkt. Und wieder schlagen wir
den Hofkalender auf: »Gienge der Hof nacher Starenberg, unterweegs
ware das Frustuck unter freyem Himmel, eine Schweinhatz, und eine
Hirsch-Jagd in dem Starenberger-See. Nachts speiseten die Gnädigste Herrschafften auf dem Pucentoro und bliben zu Nacht in Fürstenried.«

Auf dem Schiff wird natürlich ausgiebig gezecht. Und vom Bacchanal zur Orgie ist nur ein kurzer Augenblick und -aufschlag. Ob verheiratet, zum Priester und Bischof geweiht oder ernannt oder nicht,
das alles spielt in diesem barocken Adelstheater keine Rolle. Wir hören,
daß aus silbernen Flaschen die besten Weine in kostbare Gläser geschenkt werden. Eine davon wirft man in den See; sie soll später wieder auftauchen.

Und weil gerade von Starnberg die Rede, gedenken wir kurz noch
des englischen Weltumseglers James Cook, der vor zwei Wochen (am
27. September 1728) in Marton geboren wurde. Mit ihm an Bord ist
später der Matrose Zimmermann, der nach den Abenteuern »in Starnberg kurfürstlicher Schifmeister« wird, wie uns der Münchner Historiker Lorenz Westenrieder mitteilt.

Doch zurück zum Besuch des Trierer Kurfürsten. Am 17. Oktober
verläßt man mit verschlafenen Augen den Bucentaurus, abends ist
dann »maskierte Opera«, am Tag darauf »Jagd und französische Komödie«, dann wieder »Jagd und Opera«, am 21. Oktober »das Frei-
schießen und französische Komödie«.

Beendet wird der ganze Rausch und Reigen am 27. Geburtstag der
Kurfürstin Amalie. Mit einem »sehr künstlichen und kostbaren
Feuerwerk vor dem Neuhauser Tor« verabschiedet man den Gast aus
Trier und dessen Gefolge.

Mit Backfischen im ersten Hallenbad

1729

Karl Albrechts Residenz und Herz brennen so lichterloh, daß er sich nirgends auf angenehmere Weise abreagieren kann als in Nymphenburgs Badenburg

Mit dem Feuerwerk vor dem Neuhauser Tor erlischt auch der letzte Liebesfunke in der kurfürstlichen Ehe. Genau sechs Jahre bleibt die Wiege in der Residenz leer. Und sie wird erst wieder gebraucht, nachdem der zweite Prinz schwer krank geworden und gestorben war. Aber dies nur als Vorgriff auf Kommendes.

Maria Anna, Karl Albrechts Schwester, sühnt als Nonne für seine und deren Eltern Sünden wider das sechste Gebot. Nachbildung eines Gemäldes von Jacopo Amigoni, Kupfer von Johann Georg Winter. Antiquariat Salzburg.

Jetzt wird im Haus Wittelsbach das Geld mit vollen Händen aus dem Fenster geworfen. Man glaubt, sich alles leisten zu können. Irgendwann wird einem ja ganz Österreich gehören. An eine Befestigung Münchens und an den Ausbau des Militärs, man greift sich an den Kopf, denkt man keine Sekunde.

Als Frauenheld, natürlich, da übt sich Karl Albrecht jetzt 1728/29 noch intensiver – so daß er dem stets nach Liebe lechzenden Iupiter alle Ehre machen würde. Der nunmehr 32jährige Kurfürst kommt ganz auf Vater und Mutter hinaus, für deren Ausschweifungen Maria Anna im Angerkloster sühnt. Sie ist die älteste Tochter Max Emanuels und Therese Kunigundes und fast gleichaltrige Schwester Karl Albrechts. Was hätte sie für eine Partie machen können! König Philipp V. von Spanien hat um ihre Hand angehalten. Sie entsagte und schmückte sich (1720) anstatt mit einer Goldkrone mit dem ewigen Jungfernkränzchen der Klarissinnen. Sinnigerweise setzte sie ihren Ordensnamen aus den Vornamen der sündigen Eltern zusammen: Therese Emanuele de corde Jesu. Von Anfang an, so berichtet Keyssler 1729, habe sie sich »den schärffsten Regeln unterworfen«. Nunmehr kommt der zierlichen Wittelsbacherin die Aufgabe zu, auch für das

Seelenheil des Bruders zu beten und zu süh-
nen.

Aber da lebt ja noch ein Bruder, der Köl-
ner Erzbischof Clemens August, der mehr
Jäger- als Kirchenlatein von sich gibt und
seine Rolle als festefeiernder rheinischer
Landesherr ebenso glänzend spielt wie sein
Cello. Und dieser trifft am 21. Januar 1729
aus Bonn ein und wird »in die Kayserliche
Zimmer gewöhnlicher massen einlogirt«
(Hofkalender). Es gibt in diesen Tagen viel
zu bedenken, ist doch der 73jährige Kurfürst und Erzbischof von Mainz, Lothar
Franz von Schönborn, schwer erkrankt.
Kaum haben sich die Brüder richtig be-
sprochen, bringen Boten die Nachricht von
seinem Tod (29. Januar). Nunmehr rückt
Vetter Franz Ludwig von Pfalz-Neuburg
auf und wird damit nach dem Kaiser zum
einflußreichsten Mann im Reich.

Da darf nicht lange gezaudert werden.
Schon am 7. Februar teilt Karl Albrecht
dem Neuling in Mainz mit, daß »das Haus
Österreich nur in zwei Augen mehr be-
stehet, solchergestalten, daß andere, auch
auswärtige gute Freunde nicht allein nicht
versäumt, sondern vielmehr auf alle Weise
beibehalten werden«. Der Briefempfänger
erfährt also nochmals und nachdrücklicher

*Kurfürst und Erzbischof Clemens August von
Köln, festefeiernder rheinischer Landesherr und
Bruder Karl Albrechts, weilt oft in München.
Kupferstich von J. Audran.*

denn je, der Bayer schielt mit seinen zwei Augen nach wie vor auf den
Kaiserthron.

Und daß er wie weiland St. Georg, der die Jungfrau vom bösen
Drachen erlöste, die Jungfrau Germania vor dem Ungeheuer einer
weiblichen Erbfolge befreien will, offenbart sich auch am 24. April
1729, dem Georgstag des Jahres. Wie sich herausstellt, bemühte nämlich der Wittelsbacher im Spiel Bayern gegen Österreich persönlich
Papst Benedikt XIII. (80) um Handlangerdienste. Dieser erpreßbar-
ste Vertreter der Stellvertreter genehmigte denn dann auch eine mittel-
alterliche Ritter-Posse. Ausgedacht von Karl Albrecht, der nunmehr
an Georgi 1729 laut Hofkalender den »von Ihro Päpstl. Heiligkeit
Confirmirten und Privilegirten hohen Ritter-Orden Sancti Geogij
defensorum immaculatae Conceptionis B.M.V. in der Kirchen des
Churfürstl. Collegiat-Stüffts-U.L. Frauen das erstem mahl einführt«.
Also im Klartext: Karl Albrecht ruft mit glorioser Unterstützung des

Egid Quirin Asam, der freiwillig auf den kurfürstlichen Hofschutz verzichtet. Porträt neben dem Hochaltar der Münchner Asamkirche.

Heiligen Stuhls den Orden zur Verteidigung der unbefleckten Empfängnis der heiligen Jungfrau Maria ins Leben.

Den Gründungsgottesdienst zelebriert in der Münchner Liebfrauenkirche Clemens August aus Köln. »Diese Ceremonie wurde mit vieler Pracht vollzogen«, berichtet Pöllnitz. Aufgenommen werden in diese Gemeinschaft nur katholische Altadelige. Oberster Chef ist immer der jeweils regierende Wittelsbacher und Landesherr. Auch wenn viel darüber gesprochen wird, man bleibt ein Provinzverband der Degenerierten.

Das fällt besonders auf, wenn man die grandiosen Leistungen der bürgerlichen Landeskinder betrachtet. Die Gebrüder Asam vollenden 1729 die Annakirche im Münchner Lehel, barockisieren das Heiligtum von Gotteszell. Johann Baptist Zimmermann malt und stuckiert in Weyarn, für die Klosterkirche in Dietramszell wird der Grundstein gelegt.

Was der Regent von den großen Künstlern hält, illustriert im März 1729 das Gesuch des Egid Quirin Asam, den kurfürstlichen *Hofschutz* zu erhalten. Der Wittelsbacher sagt nur unter der Bedingung zu, daß der Bittsteller in der Nähe des Schlosses Nymphenburg ein Haus baut. Es sollte nämlich schön langsam eine nach Karl Albrecht benannte Trabantenstadt entstehen. Asam spielt aber da nicht mit. Der Kurfürst mag sich grämen, die bayerischen Künstler stehen in hohem Ansehen, ja sind die eigentliche Zierde des Landes. Der Adel bestimmt nicht.

Richtig beschämend ist die Vernachlässigung der Wissenschaften. Als Karl Albrecht einmal gebeten wird, bei der Gründung einer gelehrten Gesellschaft und Publikation mitzuhelfen, lehnt er brüsk ab. 1729 bietet sich der Dresdner Spiegelmacher Elias Vater an, in München eine Porzellanmanufaktur aufzubauen. Aber er bekommt keine Chance. Wer sich auf das Gebiet von Forschung und Fleiß begibt, muß ein Ketzer sein.

»Omne malum a Luthero Monacho« = Vom Mönch Luther kommt alles Übel. Das ist ein stehender Ausdruck im *Corpus Catholicorum* auf dem Immerwährenden Reichstag zu Regensburg. Und in dieser Stadt kehrt in Predigten immer wieder die Aufforderung: »Begebet euch beyzeiten in die Schooß unserer eintzig wahren Mutter der Catholischen Kirchen, ausser der kein Heyl zu hoffen ist.«

Ja, es wird noch abenteuerlicher, wenn man in Regensburg den tieferen Grund für die Entdeckung Amerikas mitteilt. Just 1729 sagt dazu der Benediktiner Coelestin Vogl: »Weilen sich aber so vil hundert tausend Christen durch freywillige und Gottesrauberische Abtrennung von der wahren und allein-seeligmachenden Römisch-Catholischen Kirchen der Cron der ewigen Seeligkeit unwürdig gemacht, hat der barmhertzige Gott selbe denen Heyden in der neu-erfundenen Welt wollen zu theil kommen lassen.«

Bevor wir auf den neuen Lebensstil Karl Albrechts zu sprechen kommen, erfüllen wir unsere Chronistenpflicht noch mit dem Hinweis, daß es am 14. Dezember 1729 in der Residenz brennt. Wertvolle Bilder (darunter solche von Albrecht Dürer und Raffael) werden ein Raub der Flammen.

Diesem herben Verlust des Jahres steht, was nachzutragen ist, seit längerem ein hübscher Gewinn gegenüber. Er ist um die 20 und heißt Charlotte, wahrscheinlich die erste Tochter des Freiherrn Benedikt Heinrich von Morawitzky (49), der aus Polen stammt und mit der dortigen Königstochter Therese Kunigunde, der Ehefrau Max Emanuels, nach München kam. Der alte Morawitzky, der selbst in Verdacht stand, mit der neuen Landesfrau ein Verhältnis gehabt zu haben, zeigte sich außerordentlich erfreut, als Karl Albrecht um die Gunst der Charlotte warb. Graf Franz Starhemberg schrieb das so an den Kaiserhof.

Als die junge Morawitzky dann die ersten Zeichen ihrer Liebe in ihrem hübschen Leib spürte, löste sich der Wittelsbacher mehr und mehr von ihr, aber sein Versprechen ein. Am 22. Juni 1729 kauft er für 14 000 Gulden ein Haus am Promenadeplatz (nachmaliges Palais Montgelas, heute *Bayerischer Hof*) und schenkt es ihr. Sie selbst mußte ihr Jawort dem kurfürstlichen Kämmerer Maximilian von und zu Sandizell geben, der für die Übernahme der Abgelegten zum Geogi-Ritter geschlagen wird, was wir wiederum in unserem Hofkalender lesen.

In Erinnerung an die schöne Zeit mit Charlotte läßt Karl Albrecht sie für das Haus, in dem er nun am liebsten weilt, porträtieren: für die Badenburg in Nymphenburg. Weil es sich dort gar so gut leben läßt, beginnt er, Schloß Schleißheim zu vernachlässigen. Die Badenburg selbst baute schon Josef Effner für Max Emanuel, dessen Sohn sie nun ein bißchen für seine Bedürfnisse abändert.

Dieses Gartenpalais – das ist der wohl steilste Venus-Tempel der Erde. Über dem weißblau gekachelten Bassin ein Deckenbild des Franzosen Nicolas Bertin, der einst eine feste Beschäftigung in München ausschlug und jetzt (1729) noch in Paris lebt. Was er schuf, ist

Erotik in Potenz. Von tief unten sieht Karl Albrecht den wahren Himmel auf Erden: Hübsche, junge Frauen mit Idealmaßen und alle topless.

Johann Jakob Moser schwärmt als erster Mensch von diesem ersten Hallenbad Europas, wie man die Badenburg heute gerne nennt: »So mit Stuckatur-Arbeit und schönen Gemählden, als die Venus im Bad, Diana mit ihren Nymphen im Wasser und andern zu denen alten Fabeln gehörigen Stücken ausgezieret ist.«

Im Bad selbst schwimmt der Kurfürst mit seinen Geliebten. Hofmusiker spielen zu den Tändeleien auf. Ist man an deren Höhepunkt angelangt, geht es ab ins überwiegend Trockene. Pöllnitz berichtet 1729: »Die kleinen Nebenzimmer sind mit Betten versehen.« Der Reiseschriftsteller Carl Martin Plümicke nennt die Liebeszellen »Zimmer für Dames«. Beim Besuch der Badenburg ganz aus dem Häuschen kommen die Italiener, denen man ja seit alters eine besondere Verehrung der Venus nachsagt. So schreibt Giovanni Luigi Bianconi: »Das schönste Bad, das mit allen Bequemlichkeiten, so die Pracht, die Wollust und die Weichlichkeit nur eingehen kann.« Und er fährt fort: »Ein Bad, das in der galanten Chronike damaliger Zeiten ziemlich berühmt gewesen ist. Ich besinne mich nicht, irgendwo etwas zierlicheres, und beßer Ausgedachtes gesehen zu haben.«

Staunend steht vor den Bildern, die Karl Albrechts Gespielinnen zeigen, der bereits erwähnte Ungar Rotenstein: »Besonders gefiel mir, gewisser Ursachen wegen, eine Blondine mit sehr schönen blauen Augen und einem schönen vollen länglichst ovalen Gesichte von schöner Weiße; sie hatte ein grünes Kleid an; neben ihr stehet ein Mohr bey einer Fontaine, aus welcher sie ihm das Gesicht wäscht; das Bett ist mit chinesischem Atlas bezogen.«

Chinesisch ist hier vieles. Schon Max Emanuel mochte so etwas. Er beauftragte einst auch Effner mit dem chinesischen Kabinett in der Pagodenburg. Neu aber für uns alle, daß in der Badenburg sogar das Liebeslager chinesisch ausstaffiert ist! Passend dazu mag Karl Albrecht fernöstliche Liebeslyrik und den S(ch)atz aus dem Reich der stets lockenden Mitte: »Die Liebe zu dir spricht mir mein Gewissen frei.«

Nach Charlotte fühlt dann etwas Neues chinesischen Atlas und bayerische Begierde. Weil der Freiherr von Morawitzky Vater von zwei Mädchen und ebenso großzügig wie unmoralisch ist, fährt bald dessen zweite Tochter Maria Josepha vor die Badenburg und angelt sich den ersten Mann im Land.

Diese Schönheit, Fischerin und Backfisch zugleich, ist 21 und natürlich genauso wenig wasserscheu wie Wittelsbach. Auch sie erhält als Morgengabe sozusagen einen Palast. Dazwischen liegen aber noch je zwei Jahre und Kapitel.

Verführerische Frauen unten im Bassin und oben auf dem Plafond animieren den Kurfürsten in der Badenburg. Deckenfresko von Nicolas Bertin.

Wie der Herr – so der Ambassadeur

1730

Daß der vom Himmel abgeleitete Sendungsauftrag Karl Albrechts auf seinen Gesandten Königsfeld abfärbt, zeigt dessen Schloß in Alteglofsheim

In keinem Jahr des 18. Säkulums schaffen die bildenden Künstler in Bayern soviele prickelnde und farbige Werke wie 1730. Da beginnt nach dem Brand vom Vorjahr Cuvilliés in der Residenz mit den Reichen Zimmern. »Geradezu der herrlichste Rococo, der auf Erden vorhanden ist«, urteilt der große Schweizer Kunsthistoriker Jacob Burckhardt. In der Tat, von jetzt an, verzeichnet dieser aus Wallonien stammende Innen- und Außenarchitekt Erfolg über Erfolg, der sich zum Weltruhm ausbildet.

Bleiben wir beim Jahr 1730. Johann Baptist Zimmermann stukkiert gerade die Ahnengalerie und das Porzellankabinett in der Münchner Residenz. Cosmas Damian Asam vollendet die Fassadenmalerei in seinem Haus Einsiedeln in Thalkirchen. Gleichzeitig legt man den Grundstein für die Kapelle (im 19. Jahrhundert abgerissen).

Münchner Mädchen stehen Modell für die Gaben des Heiligen Geistes und mehr. Gemälde von Horemans in Heilig Geist in München.

In Heilig Geist München hat Nikolaus Stuber den Hochaltar entworfen, der jetzt aufgestellt wird, Johann Georg Greif liefert die vier scheinbar in Ekstase sich auflösenden Anbetungsengel dazu ab und Horemans malt für die Seitenwände die Sieben Gaben des Heiligen Geistes in Gestalt von sieben hübschen Münchner Mädchen, von denen man sagt, sie hätten mehr als Modell gestanden.

Kurz weg aus München! In der Sturmbergkapelle bei Passau beginnt man mit dem intimen Stuck und Schmuck. In der nahen Neuen fürstbischöflichen Residenz von Passau fallen die Gerüste. Die Stadt ist damals nicht bayerisch, ebensowenig Franken, wo Balthasar Neumann unglaublich schöne Kirchen baut. Aber am Rande soll er doch erwähnt werden.

Dem Malen und Weben, dem Zeichnen und Zahlen sind 1730 keine Grenzen gesetzt. In der Metropole arbeitet gerade ein Sticker aus Brüssel. »Dahero vermeint der

gute Mann, wan er nach München kombt, so sey er in seinem zeit-
lichen Himmel.« Der diese Aussage des Fremden so festhält, ist Karl
Albrechts Reichstags- und Sondergesandter Graf Georg von Königsfeld (51).

Und dieser Aristokrat und Diplomat bittet 1730 Cosmas Damian
Asam in sein Stammschloß Alteglofsheim bei Regensburg. Was dieser
im Alter von 46 Jahren an die Decke malt, ist künstlerisch wie ikono-
graphisch so phantastisch, daß wir in ganz Europa nur wenige Paral-
lelen dazu kennen. Asam führt uns die absolutistische Fiktion vor
Augen, wonach Fürsten und ihre Minister Götter sind.

Und so tritt Graf Königsfeld 1730 in einer Glorie auf, die sich uns
heute nur dann erschließt, wenn wir die einschlägigen Bilder in Rom
und Neapel genau studiert haben. Mit einem Mal wird uns gewahr,
was Asam während seiner Studien in Rom machte. Er befaßte sich
nicht nur mit Heiligen und Normen der Ethik, sondern auch mit den
Formen der Venus, mit kaiserlichen Zeiten und Zeichen. Diese erscheinen sozusagen jetzt im barocken Brokat.

Wenn wir nunmehr etwas länger bei Cosmas Damian Asam ver-
bleiben, dann deswegen, weil sein Bild in Alteglofsheim zum schönsten der Karl-Albrecht-Ära zählt und uns der Künstler den Hebel
dafür bietet, die Vorstellungswelt und -kraft der Zeit ganz zu erfassen.
Mit Büchern über bayerischen Barock kann man heute Bibliotheken
füllen. Aber das Intime, das von der Familiensaga bis zu Anspielungen
aller Art und letztendlich zur Büchse des Künstlergiftes reicht, erschließt sich uns nur, wenn man die Bilder bis zum unscheinbarsten
Detail betrachtet, die alten Mythen und verstaubten Akten kennt.

In unserem speziellen Falle aber fügt sich noch eine Komponente
an die Komposition Asams. Mit ihr nimmt Auftraggeber Königsfeld
seine glänzende Karriere an des Kurfürsten Seite und eo ipso auch
am künftigen Kaiserhof vorweg. Er kann im Jahr 1730 noch nicht wissen, wie alles verlaufen wird, aber ahnen und es sich wünschen. An-
scheinend ist der weitere Verlauf der Dinge für ihn so zwingend, daß
er schon eine Vision von der schwindelerregend hohen Position hat,
die er einmal unter dem Wittelsbacher einnehmen wird: Reichsvizekanzler.

Also beschreiben wir zunächst das Bild, das adelige Selbstver-
ständnis der Karl-Albrecht-Zeit in Farben und Gold: Im Zentrum ein
bewaffneter Soldat, links von ihm eine nackte Frau, darunter der von
vier Pferden gezogene Sonnenwagen. Geführt von einem halbnack-
ten Jüngling, der am Rücken einen Köcher trägt und in der Linken
einen Bogen schwingt. Rechts von ihm zum Teil spärlich gekleidete
junge Frauen.

Szenen, die sich auflösen, ja mit Bestimmtheit erklären lassen. In
der Antike erscheinen genauso Kriegsgott Mars (mit Schwert und

Helm), Liebesgöttin Venus (mit Amor und Tauben) und der strahlende Sonnenheld Apollo (mit Pfeil und Bogen).

Haarscharf diese Bilder übernimmt auch das Christentum. Aus dem Mars, dem man vor den Kriegen Stieropfer darbrachte, wird der Soldatenheilige Georg. In Marsrüstung, dessen Fest man in das Sternkreiszeichen Stier legte. Venus (griechisch Kythereia) mit dem Schützen Amor verwandelt man in die heilige Katharina, die »schönste Heilige«, an deren Fest (im Sternkreiszeichen Schütze) die Liebespaare für längere Zeit ein letztesmal zum Tanz gehen.

Ja, und Christus wird auf dem ersten Bild, das wir von ihm haben (um 210, unter St. Peter in Rom) als Apollo hinter dem Pferdegespann dargestellt. Diesen und jenen glorifiziert die Sonne, beide mögen nur Brotopfer. »Ad Christum, qui est sol« = Zu Christus, der die Sonne ist, lesen wir in den *Gesta Romanorum*.

Und dann nicht zu vergessen: Christus wird in der Regierungszeit des Kaisers Augustus geboren, der als letzte Präfiguration des in der Antike ersehnten Erlösers gilt und dessen Lieblingsgott Apollo ist. Horaz und Sueton erzählen über diese Zusammenhänge viele Geschichten. Augustus erscheint (vor allem auf Münzen) wie Apollo und

*Wie der junge
Königsfeld bediente
sich schon Christus
des Sonnenwagens
des Apollo. Ältestes
Christusbild unter
St. Peter in Rom
(um 210).*

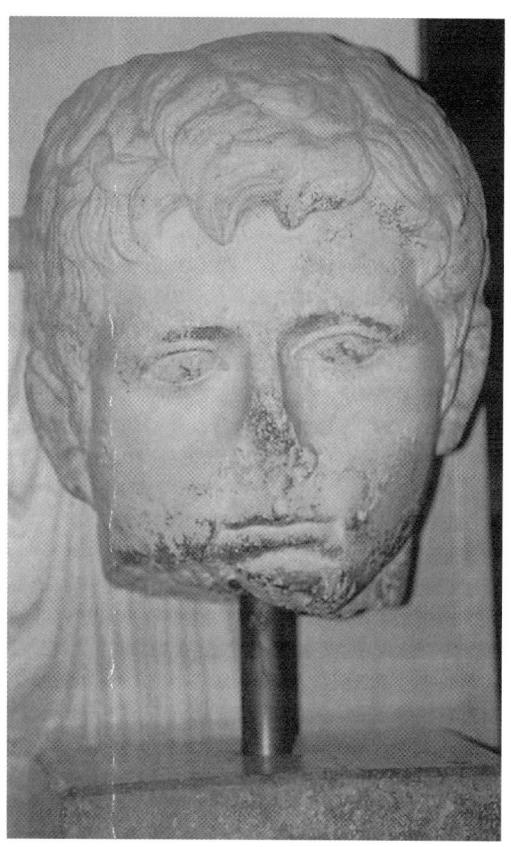

Welche Symbolik: Christian Augustus von Königs-
feld erscheint als Zwölfjähriger in Alteglofsheim.
Christus und Kaiser Augustus treten genauso mit
zwölf erstmals öffentlich auf. Der zwölfjährige
Augustus von Pesaro (Museo Olivriano).

Christus auf dem von den Rössern gezogenen Wagen. Sein wichtigstes Signum aber ist der Adler des Iupiter (Kaiseradler).

Exakt dieses Genre spiegelt die Saga derer von Königsfeld wider. Der Graf (auf gar keinen Fall der Großvater) schlüpft in die Rolle des Mars, dessen Nachfolge der heilige Georg antritt. Und Königsfeld heißt auch mit Vornamen Georg. Wir haben einen Kupferstich von ihm, auf dem er dem Alteglofsheimer Mars schon sehr ähnlich sieht. Und: Die Rüstung weist die Farben Gelb, Blau, Rot und Weiß auf. Die Königsfeld-Farben. Last not least: Der Graf Königsfeld erscheint auch als Ritter des nach seinem Patron benannten Wittelsbacher-Ordens – aufgenommen am 24. April 1730.

Kommen wir zur Venus. Königsfelds Frau Maria Josepha, eine gebürtige Preysing, gilt als Schönheit, war schon mal verheiratet und nicht immer treu. Die Geschichte von Mars und Venus aus Homers Feder kommt uns in den Sinn. Wir lesen, daß dem Grafen »die Hörner zu schwer geworden« sind und deshalb die Gräfin prompt maßregelte. Auf dem Alteglofsheimer Bild sehen wir vor den Füßen der Dame die Venus-Tauben. Sie schnäbeln, die Tauben ihres Mannes tun das nicht. Ein Zeichen dafür, daß Georgs erste Liebe und Ehe passé sind und die Zweitblüte eben gedieh. Gräfin alias Venus ist in den Preysing-Farben Rot und Weiß bekleidet, wenn man denn von einem Kostüm sprechen kann.

Unter dem Ehepaar Königsfeld: Beider Sohn Christian Augustus, also benannt nach Christus und dem Kaiser. Beide traten erstmals mit zwölf Jahren öffentlich auf. Sozusagen nunmehr auch der junge Königsfeld. Als ihn Asam darstellt, hat der Grafen-Sprößling gerade das Dutzend voll. Die wenigen Kleiderfetzen des Zwölfjährigen sind ebenfalls in den Königsfeld-Farben gehalten.

Natürlich hat Christian Augustus eine wichtige Aufgabe. Er muß die Linie derer von Königsfeld fortsetzen. Und so läßt ihn Vater in einen Wagen steigen, der als Hochzeitsgefährt betrachtet werden muß. Die ihn flankierenden Mädchen mit Jungfernkränzchen sind demnach als Brautkandidatinnen zu deuten. Eine Prädestination, die vor allem in den Palazzi der italienschen Renaissance (Rom, Neapel, Florenz) für Aufregung sorgte.

Dem Junior zur Seite steht Göttin Minerva alias Pallas (Jungfrau) Athene, kompetent unter anderem für Wissen-, Herr- und Landwirtschaft. In unserem Falle obwaltet sie ihres Amtes als Patronin der Politik, der sich ja die Königsfeld verschrieben haben. Der göttlichen Jung- und Schutzfrau aus fernen und doch nicht fremden Zeiten werden wir 1742 wieder in Kempten begegnen.

Die Apotheose des Hauses Königsfeld umrandet Cosmas Damian Asam mit dem ewigen Kreislauf des Lebens herunten auf Erden, wobei er sich aber erneut der antiken Mythologie bedient. Mit einer Ausnahme: Über der Eingangstür ragt unübersehbar ein Barockmann in die Gegenwart. Daß er nicht zum Olymp gehören kann, zeigen die Flinte, die er umhängen hat, und sein gefülltes Weißbierglas in der Rechten. Natürlich weiß Asam: Brau- und Jagdrecht sind Privilegien, die den halben Reichtum des Kurlandes Karl Albrechts ausmachen.

Es wurde und wird behauptet, der uns im grünen Rock zuprostende Schütze und Trinker sei der Künstler selbst. Dafür spricht sein Hang, sich gerne in seinen Werken in Szene zu setzen. Vergleiche mit seinen Porträts in Osterhofen, Weltenburg und München (Asamkirche) lassen die These der Selbstdarstellung Asams als legitim erscheinen.

Links von ihm (vom Betrachter aus rechts) beginnt nun der aus sieben Teilen bestehende Lebenszyklus, der im klassischen Altertum so gepflegt wird und sich in der entsprechenden Literatur niederschlägt. Laut Euripides steht am Anfang das Bacchanal. Tatsächlich sehen wir in Alteglofsheim den Weingott mit Tyrsos, Trommel und Weingefäß. Ihm zur Seite spielt Pan auf der nach ihm benannten Flöte. Zwischen diesem Wald-, Wein- und Wiesengott und Asam, wenn er es denn ist, der kleine Amor, den auch Bacchus schätzt und schützt, wie die Darstellungen in Pompeji und Neapel zeigen. Erst seine Pfeile entzünden das Lieben und Leben der Menschen unter der Schirmherrschaft des gesamten Olymp.

Und weil laut Cicero »die Venus ohne den Bacchus friert«, erscheint die Schönheit auch gleich anschließend. Oben galant entblößt, im Schoß die süßesten Früchte, vor ihr der Liebhaber, der eigentlich nur Christian Augustus von Königsfeld sein kann. Alleine mit ihm und der Venus im Verbunde ist nach dem Gutdünken Asams die Linie des Geschlechts in Blüte zu erhalten. Dann weist sein Gewand die Königsfeld-Farben auf. Schließlich hält der Adler des Augustus, gedacht auch für den so heißenden Jüngling, die Liebespfeile im Schnabel parat.

Neben ihm und Venus prangen Orangenbäume, das ewige Liebeszeichen. Die Früchte gehören zu allen Zeiten der Geliebten. So schenkte sie auch in Goethes Bestseller der leidende Werther beim ersten Tanz der geliebten Lotte.

Der Aufbruch in das Leben ist also vollzogen – und jetzt folgt das, was es so wertvoll macht. Ganz nach Horaz! Als Künstler denkt Asam sofort an sich und stellt uns olympische und barocke Musen vor. Von links: Urania für die Astronomie (mit Globus und Zirkel), Euterpe für die Dichtkunst (mit Flöte), die im Altertum nicht erscheinende Muse der Malerei (Goldstern), Clio für die Historie (Buch), Thalia und Melpomene in einer Allegorie für das Theater (Maske), die in der Antike unbekannte Musen der Bildhauerei (Meißel und Marmorkopf) und Architektur (Reißbrett und Zirkel).

Wo Wein, Liebe und Musen zu Hause sind, hetzt das Jagdvergnügen hinterher. Wir sehen anschließend Diana und ihre Freundinnen im Bad (Fontäne). Dort hat sie der Lauscher Aktäon gesehen, wurde dafür in einen Hirschen verwandelt, den Dianas Hunde schließlich zerrissen. Wir entdecken diese Szene in Alteglofsheim vor einer Bergwelt und dem in den Abgrund stürzenden Schandtäter.

Über diesem Gruselmilieu stellt Asam das äußerst beliebte Motiv der Falken-Reiher-Jagd dar. Der abgerichtete Raubvogel soll das Schopfgefieder lebend zur Erde zwingen und bringen. Dort wird ihm ein Ringlein mit Jahreszahl an ein Bein gegeben und anschließend wieder in die Freiheit entlassen. Clemens August schafft es, einen Reiher fünfmal vom Himmel zu holen.

Der Luftkampf von Alteglofsheim wird auch über der nächsten Sektion gefochten. In diesem Rahmen führt uns Asam vor Augen, daß die Schönheit des Lebens auch den Reiz der Erde ausmacht. Der in Venus-Attitüde auftretenden Flora fliegt (mit Insektenflügeln ausgestattet) eine weitere Göttin (möglicherweise Psyche) entgegen. Und da auch der Mensch zu diesem Lustspiel gehört, verwandelt der Künstler die Flora in eine verführerische Frau mit nach Liebe verlangenden Augen, rotem Kußmund und freien Brüsten.

Der Blumenblüte folgt die Frucht. Asam mag ihre Ungenießbarkeit ahnen. Wir sehen einen Käfig, mit Scheuklappen verkappte Jagdfalken, aufgedonnert und doch Räuber, und den Krieger mit trügerischer Maske und dem todbringenden Kurzschwert in der Hand. Ein Mann mit erhobener nach Freiheit streckender Hand versinkt in den Orkus.

Es ist mittlerweile Nacht geworden auf Asams Apokalypse. Wir sehen das Ende der Zeiten wie des Lebens. Von links: Die mit einem fast hüllenlosen prächtigen Leib ausgestattete Nox (mit Nachtvogel daneben) beginnt eben, sich mit einem dunkelroten Tuch zuzudecken, um das weitere der Phantasie des Betrachters zu überlassen. Es folgen die mit Pfauenfederflügel und Raubvogeltatze dargestellte Sirene (antiker Todesvogel der *Odyssee*) und die mit Schlangen umzogene Medusa (todbringende Gorgone) mit abstoßendem Körper und Gesicht.

Hinter ihr schließlich Saturn, Inkarnation der Zeit und im Barock auch Prototyp des Todes. Er hat als Greis das köstliche Leben durchmessen und genossen und bläst jetzt den Maler Asam an.

Kehren wir von Alteglofsheim und dem Grafen Königsfeld nach München und zu Karl Albrecht! Letzterer vertauscht jetzt wieder das Badewasser von Nymphenburg mit dem Seewasser zwischen Starnberg und Seeshaupt. Die einst so beliebten nassen Jagden werden wieder aufgenommen. Natürlich dabei: das so untertänige Fräulein Maria Josepha von Morawitzky. Zum Dank dafür, daß ihr Vater alles so erlaubt, wird er 1730 laut Hofkalender »von Obrist zum General-Wachtmeister« befördert.

Und noch eine »hohe Promotion« veranlaßt Karl Albrecht 1730. Graf Maximilian von Fugger-Zinneberg widerfährt dieselbe Ehre wie Morawitzky. Wir können es gar nicht glauben, eine Josepha von Fugger-Zinneberg ist Karl Albrechts nächste Geliebte. Oder verführt er M und F gleichzeitig, heute diese, morgen jene? Mit großer Wahrscheinlichkeit ist das so. In den Wiener Akten fand ich dazu keine Angaben und -deutungen.

Asams Flora, eine verführerische Göttin, voll Liebeslust und mit freier Brust. Schloß Alteglofsheim.

Siegeszug der Pragmatischen Sanktion

1731/32

Die Herzensangelegenheiten nehmen den Wittelsbacher so sehr in Anspruch, daß er für die Diplomatie im Reich keine Zeit mehr hat

Blättern wir im Hofkalender, diesem geheimen und geheimnisvollen Rapport der Gefühle, so stoßen wir immer wieder auf die Namen der Liebsten und ihrer lieben Verwandtschaft. Da taucht zunächst die Frage auf, ob Karl Albrecht die Ingenheim immer noch umwirbt. Er, der gerne die Bereitschaft zur Hin- mit Gegengabe quittiert, verhilft dem Bruder Carl von Ingenheim zu einem außergewöhnlichen Aufstieg. Dieser hat 1731»die Gnad gehabt, Vice-Jägermeister zu werden«.

Eine andere Variante der Honorierung weiblicher Dienste: Am 25. Mai 1731 kauft Karl Albrecht das vor über 35 Jahren von Zuccalli erbaute Palais Fugger – und schenkt es seiner Freundin Maria Josepha von Morawitzky (22). Das sind schon im doppelten Sinne besondere Verhältnisse. Aber im Absolutismus bayerischer Provenienz gibt es keinen Widerspruch. Jetzt erst versteht man den Traum der Münchner Twens, zur Mätresse des Landesherrn aufzusteigen. Da erhält man Luxus, Gunst und Einfluß – und am Schluß ein Schloß.

Gekettet ist dieses Schloß gewöhnlich an eine kuriose Bedingung: In der Geliebten muß nicht nur ein (heißes) Herz, sondern auch ein zweites schlagen. Und so ist es gleicherweise bei der jüngeren Morawitzky, die vom Galan neben Liebesgaben auch einen Knaben empfängt. Zum Zeichen, daß Vater als Landesherr gebietet, bekommt der natürliche Zuwachs den Namen Helfenberg – Graf von Helfenberg. Erstaunt stellen wir fest, daß der Ort (genau wie Holnstein und Hohenfels) im Tillyschen Erbland der Oberpfalz liegt.

Ein Indiz dafür, daß das Kind (um oder exakt) 1731 das Licht der Welt erblickt, ist neben dem Datum des Hauskaufes die Tatsache, daß in diesem Jahr auch mit dem Bau der wundertätigen Gnadenkapelle auf Schloß Helfenberg begonnen wird.

Süßer Schatz und Fratz: Maria Josepha Morawitzky. Sie gibt Karl Albrecht freizügig, was er liebt, und erhält von ihm neben einem Sohn auch Rösser und Schlösser. Kopie, Antiquariat Salzburg.

Das Palais Fugger (heute Portia) für glückselige Stunden. Karl Albrecht übereignet es seiner Mätresse Maria Josepha Morawitzky, die mit Hilfe seiner Liebe einem Grafen Helfenberg das Leben schenkt. Historische Aufnahme.

Wie Karl Albrecht seinen Nachwuchs aus Charlotte von Morawitzky nennt, läßt sich trotz intensiver Suche (noch) nicht ermitteln. Es fällt nur auf, daß einmal in einem Gesandtenavis der Name Freystadt fällt. Damit wäre wieder ein Topos der Tillyschen Erbmasse angesprochen – und der Kurfürst als Herr von Freystadt. Da wir vom Kind nicht viel hören (wir kennen nicht einmal das Geschlecht), geht man sicher nicht fehl in der Annahme, daß es nicht lange lebt. Vom andern Sproß (Helfenberg) erfahren wir immerhin, daß er in jungen

Jahren zum Oberst des Franzosen-Regiments *Royal Bavarois* ernannt wird.

Gleichzeitig mit dem Palais Fugger erhält Mutter Maria Josepha von Morawitzky das Schloß Hexenagger in der Oberpfalz. »Dort fand sich Karl Albrecht zu Jagd und Schäferfesten häufig ein«, schreibt der Historiker Otto Titan von Hefner, der eigentlich die alten Akten gut kennt.

Wir resümieren also, daß Kurfürst Karl Albrecht hemmungslos seine Frau betrügt, ja schlägt, daß er fast gleichzeitig mit einer Carolina, Charlotte und Maria Josepha vertraut ist (wenn nicht mit noch mehr), aber sein Volk desselben Verhaltens wegen bestraft. Das geht soweit, daß er sogar eine *Ehebruchscassa* unterhält, die er mit den Strafgeldern der Erwischten füllt.

Aus diesem mit Moneten bestückten Lust-/Liebesdossier entnimmt nun Karl Albrecht 1731 tausend Gulden für den neu zu erstellenden Hochaltar von St. Peter in München (vulgo *Alter Peter*). Er sagt am 9. Februar dem Pfarrer definitiv zu, fünf Jahre lang eine entsprechende Rate auszahlen zu lassen.

St. Peter in München – für Karl Albrecht ehrwürdig wie die Petersdome in Köln, Regensburg, Trier und Worms. Margarethe, die zweite Gemahlin des Kaisers Ludwig des Bayern, seines Urahnen und Vorbildes, hat 1324 dem Gotteshaus ihr Brautkleid vermacht. Noch Großvater Ferdinand Maria pilgerte hierher zum 40stündigen Gebet. Damit verwundert es auch nicht, daß sich der Landesherr persönlich um die Ausgestaltung des Hochaltarraumes kümmert.

Hochaltar von St. Peter in München mit den Wappen der kurfürstlichen Eheleute zu beiden Seiten des Tabernakels. Gestiftet wird der Altar aus Mitteln der Ehebruchscassa des ständigen Ehebrechers Karl Albrecht.

Zwei Pläne liegen vor. Einer von Nikolaus Stuber, dem gebürtigen Münchner und Mitarbeiter von Effner und Cuvilliés, der andere von Cosmas Damian Asam. Und der Wittelsbacher hat »an des Stubers entworffenen Riß die gnädigste genembhaltung, und ein gresseres Gefallen, dan an des Asambs aufgestelten Modell«.

Mögen Aversionen im Spiel sein oder nicht. Es muß ja nicht alles von den Asams sein. So hat der stets im Schatten stehende Stuber, der übrigens mit seinem Konkurrenten einst in Rom studierte, eine Chance. Und er bastelt eines der schönsten Barockwerke zusammen – unter anderem bestehend aus Plastiken von Erasmus Grasser (St. Peter auf dem Thron) und Egid Quirin Asam (Kirchenväter). Zu beiden Seiten des Allerheiligsten-Tabernakels werden mit Mitteln der Sündenkasse die Wappen des wittelsbachischen Ehebrechers im Dauereinsatz und seiner betrogenen Ehefrau Amalie angebracht. Wenn das nicht von einer edlen Delikatesse ist!

Und noch so ein Lieblingskind hat Karl Albrecht. Am 16. Juni (Bennotag) 1731 setzt er den Grundstein für die Wallfahrtskirche Herrgottsruh bei Friedberg. Auch dazu legt Cosmas Damian Asam, der sich 1731 auch am Ende der von ihm ausgemalten Kirche von Osterhofen selbst verewigt, Entwürfe vor. Und findet diesmal das allerhöchste Wohlwollen.

Noch eines Datums muß man 1731 gedenken. Am 6. Dezember wird in Kaufbeuren die Dichterin Sophie von La Roche geboren. Mit ihrer *Geschichte des Fräulein von Sternheim* soll sie einmal den ersten deutschen Frauenroman vorlegen. Eine ihrer vielen Aussagen: »Mädchen sehen die Gewalt der Liebe gerne, sie nehmen Anteil an der Macht, die ihr Geschlecht über uns ausübt.« Prompt nennt sie Goethe »die wunderbarste Frau«.

Von ihrer Wiege zum Grab, das am Immerwährenden Reichstag den politischen Annexionsgelüsten Karl Albrechts geschaufelt wird! Am 19. Dezember 1731 stimmen in Regensburg von den neun kurfürstlichen Gesandten sechs für die *Pragmatische Sanktion* als Reichsgesetz. Der Bayer zeigt sich konsterniert. Nicht einmal der Abgeordnete seines Bruders Clemens August war auf seiner Seite. Nur auf Kurpfalz und Kursachsen konnte er sich verlassen. Im fürstlichen Kollegium votierte der Gesandte seines Bruders Johann Theodor nur auf Verschiebung, nicht auf Ablehnung. Eine Katastrophe!

Dann am 11. Januar 1732 die alles entscheidende und reichsverbindliche Schlußabstimmung. Numerisch gesehen müßte allein mit den Voten der Angehörigen des Hauses Wittelsbach (Bayern, Pfalz, Köln, Mainz) und den sympathisierenden Sachsen die Mehrheit gegen die *Pragmatische Sanktion* zustande kommen. Doch die österreichische Diplomatie siegt auf der ganzen Linie. Zur tiefen Enttäuschung Karl Albrechts zeigt sich jetzt auch, daß der glanzvolle Em-

Altes Rathaus in Regensburg. Hier tagt der Immerwährende Reichstag, der dem bayerischen Kurfürsten mit der Anerkennung der Pragmatischen Sanktion eine bittere Niederlage beschert.

pfang des Kurtrierer Erzbischofs Franz Ludwig von Pfalz-Neuburg, der mittlerweile Kurmainz übernommen hat, nichts, aber auch gar nichts einbrachte. Die Fahrt auf dem Bucentaurus über den Starnberger See 1728 war also ein glatter Schlag ins Wasser.

Es gehört zu den Ungereimtheiten dieser Zeit, daß in Regensburg ausgerechnet Baron Unertl die kurbayerische Stimme führte. Er, der seinem Herrn immer wieder zur Mäßigung riet, konnte in den hitzigen Debatten denn auch überhaupt nicht überzeugen und erhielt »vast nirgend einen Applausum«. Bereits am 3. Februar 1732 wird der Regensburger Beschluß auch formal zum Reichsgesetz erhoben. Alle Proteste und Einwände der drei Kurlande Bayern, Pfalz und Sachsen sind vergebens.

Und noch so eine fragwürdige Aktion startet Karl Albrecht, die ihm nur Verdruß bereitet. 1731 teilte der Salzburger Erzbischof Leopold von Firmian seinen Untertanen mit, wer sich zur Lehre Luthers bekenne, müsse auswandern. 22 000 Menschen geben so ihre Heimat auf. »Gott erleuchte diese Hertzen mit seiner Gnade«, schreibt der Regensburger Benediktiner Coelestin Vogl 1732, »daß sie von dem Irrthum zurück kehren, und seelig werden.« Was tut aber Karl Albrecht? Er schickt 6000 schwer bewaffnete Soldaten in das Salzburger Erzhochstift, um auf wehrlose Bauern eindreschen lassen zu können, wenn sie nicht tun, wozu sie aufgefordert werden.

Mit solch barbarischen Mitteln macht er sich bei den Protestanten im Reich natürlich bestimmt keine Freunde. Man darf ja nicht vergessen, daß Kurhannover und Kurbrandenburg evangelische Fürsten haben. Gut, es wird nicht immer nach konfessionellen Gesichtspunkten abgestimmt, aber eben manchmal auch schon.

Das Tragische an Karl Albrecht ist jedoch, daß ihm niemand den politischen Weitblick nahe gebracht hat. Der große Philosoph Christian Wolf ist 1732 schon 63 Jahre alt und hat die Wichtig- und Richtigkeit der menschlichen Vernunft für das praktische Leben in vielen Büchern und Reden betont und die Philosophie von der Theologie getrennt. Er soll einmal Kant prägen, der 1732 freilich erst acht ist. Man hätte sich eben nur mit Wolf beschäftigen müssen, so wie einige Benediktiner. St. Emmeram in Regensburg ist so eine Klause der modernen Wissenschaften. Von Haus aus ein Reichskloster mit einem Fürstabt an der Spitze. Das heißt: Ein Bauernbub kann dort ein Fürst werden.

Einer der angesehensten Emmeramer Mönche ist Nonnosus Häckl (41) aus Regen im Bayerischen Wald. Dieser kluge Mann weist als erster katholischer Theologe Deutschlands mit seiner quellenkritischen Methode nach, daß Päpste gar nicht unfehlbar sein können. Sein für die damalige Zeit unerhörter Schluß: »Das etwelche Päbste in diesen und dergleichen quaesionibus facti müssen gefehlt haben.« Schon ist Frobenius Forster in St. Emmeram, der den Philosophen Wolf studiert. An ihn knüpft dann der berühmte Franz Ignaz Rothfischer an, der als erster katholischer Theologe der Welt die Lehren seiner Kirche so reduziert, daß sie den naturwissenschaftlichen Erkenntnissen der Zeit nicht widersprechen.

In diesem fürstlichen Kloster St. Emmeram vollenden 1732 im Gotteshaus die Brüder Asam Stuck und Deckenbilder und gestalten es zum vielzitierten »Vorhof des Himmels« aus. Aber auch anderswo ein Feuerwerk künstlerischer Kreativität. Am 16. April 1732 beginnt Johann Michael Fischer mit dem Bau der Kirche in Dießen, am 31. Mai legt Johann Baptist Gunetzrhainer den Grundstein für die Damenstiftskirche St. Anna in München. Und schon wirft das Jahr 1733 seine Schatten voraus. In Schäftlarn steht fest, daß eine neue Kirche die baufällig gewordene ersetzen wird. Die erste Garde der bayerischen Künstler soll mitwirken: Cuvilliés, Gunetzrhainer, Johann Michael Fischer, Johann Baptist Zimmermann und schließlich Johann Baptist Straub.

Die Asams haben gerade überhaupt keine Zeit, weil der Komplex an der Sendlinger Straße von München schon in Planung ist. 1732 feilscht Egid Quirin Asam mit dem Fähnrich Carl Anton de Villers um das letzte der vier Grundstücke, auf dem schon im nächsten Jahr sein Palazzo und »liabs Kircherl« (Asamkirche) entstehen soll.

Man stellt also fest: Die bayerischen Künstler wollen mit ihren friedlichen Mitteln den Menschen überzeugen. Natürlich malen auch einige von ihnen fürchterliche Höllenbilder, mit Luther als Luzifer und auf der Wildsau, Gelehrte als Kandidaten des Fegefeuers. Doch das sind Ausnahmen.

Karl Albrecht hingegen lebt im Himmel. 1732 ehrt er seine Ingenheim, indem er ihren und seinen Sohn Holnstein (9) »ad Honores von Commandeurs« (Hofkalender) des Georgi-Ritter-Ordens befördert. Genauso Baron Franz Xaver von Haslang aus der Familie einer seiner ersten Mätressen.

Dieses Jahr 1732 muß man als das eigentliche Schicksalsjahr Karl Albrechts bezeichnen. Er selbst hat die *Pragmatische Sanktion* bei seiner Heirat anerkannt, der Immerwährende Reichstag sie zum Gesetz erhoben und ihr somit Verfassungsrang erteilt. Dazu die territoriale, militärische und bündnismäßige Unterlegenheit gegenüber Österreich, schließlich die realpolitische Komponente der eigenen Wittelsbacher-Dynastie (unzuverlässiges Kurköln und Kurmainz), das Schielen auf Frankreichs Hilfe, die schon einmal ausblieb (Spanischer Erbfolgekrieg), weiter das Verkennen der normativen Kraft des Faktischen (Wien ist die klassische Kaiserstadt geworden) und das Herleiten der Ansprüche aus einer österreichischen Kaisertochter (die ja auch Maria Theresia ist) aus fernen Zeiten als Ahnin! Das alles müßte der Bayer würdigen. Vieles davon hat ihm auch Baron Unertl erzählt, aber der Wittelsbacher ist dermaßen uneinsichtig und überheblich geworden, daß das Fatum seinen Lauf nehmen muß.

Und so reicht die politische Niederlage von Regensburg wie ein Geisterarm auf das Todesjahr Kaiser Karls VI. in Wien – und auf den Waffengang mit dessen Tochter Maria Theresia. Nur noch acht Jahre sollen dazwischen liegen.

Konjunktur der Mätressenwirtschaft

1733

Der Eintracht des kurfürstlichen Paares auf einem Sommerfest in Ismaning steht ein nahezu pausenloser Einsatz des Mannes im Venusberg gegenüber

1733 steht Karl Albrecht zwischen allen Fronten. Die eigenen Familienangehörigen in Köln und Mainz ließen ihn in Regensburg im Stich. Was aber ist, wenn seine Ehefrau Amalie, der ständigen und ständischen Demütigungen überdrüssig, in ihre Heimatstadt flieht? Die erste Gattin ihres Schwiegervaters Max Emanuel, Marie Antonie von Österreich, hat das auch getan.

Also muß Karl Albrecht wieder lieb und nett zu seiner Frau sein. Am 15. Februar darf sie an einer *Geheimen Ratssitzung* teilnehmen. Ein ungewöhnliches Ereignis! Doch es geht auch irgendwie um sie. Man verlangt nämlich von ihr, wenn auch verklausuliert, eine Stellungnahme gegen ihre Wiener Cousine Maria Theresia.

Kurze Eintracht: Karl Albrecht und seine Frau Amalie bei einem Hofkonzert seines Bruders Johann Theodor vor dem Schloß Ismaning. Gemälde von Horemans. München, Bayerisches Nationalmuseum.

*Musik liegt den geist-
lichen Wittelsbacher-
Brüdern Johann
Theodor (am Klavi-
cord) und Clemens
August (mit Cello)
im Blut. Ganz links
Kastrat Balatri aus
Pisa. Hofkonzert
in Ismaning von
Horemans.*

Im Sommer lädt dann ihr Schwager Johann Theodor sie und seine Brüder Karl Albrecht und Clemens August zu einem Fest in seine Landresidenz Ismaning. In seltener Eintracht tritt das kurfürstliche Ehepaar dort auf. Hofmaler Horemans hält diese Szene auf seinem Gemälde *Hofkonzert in Ismaning* (München, Bayerisches National-museum, Kopie im Schloß Ismaning) fest. Vorne steht Karl Albrecht mit dem Kreuz des Georgi-Ritter-Ordens um den Hals. Eingehakt seine Frau Amalie in den Farben (Rot-Weiß-Rot) ihres Heimatlandes Österreich.

Das wichtigste dabei: Die Gedemütigte steht im Schnittpunkt des Ismaninger Cuvilliés-Pavillons. Er entspricht in Grundrißproportio-nen und Fassade haarscharf der Amalienburg von Nymphenburg, die von 1734 an derselbe Architekt bauen wird. So verstehen wir heute dieses Bild als große Versöhnungsgeste. Karl Albrecht hat in Anbe-tracht der politischen Schlechtwetterlage, die Amalie von einem Tag auf den anderen zur Katastrophe steigern kann, ihr das Nymphen-burger Jagdschlößchen versprochen.

Die Gattin lächelt auf dem Horemans-Gemälde und tut so, als ent-spreche der laue Sommerabend einer guten Seelenverfassung. Rechts im Bild scheinen ihre zwei Schwäger, Hausherr Johann Theodor und

Clemens August, eine Versöhnung musikalisch zu untermalen. An den Stuhl seines Herrn gelehnt der aus Pisa stammende Kastrat Filippo Balatri (57).

Auf dem Horemans-Werk fällt noch etwas auf: der Hund vor Karl Albrecht. Der Vierbeiner ist seit Homers *Odyssee* das Symbol des Herrschers. Zusammen mit dem Tier sehen wir in der Kunst die ganz Großen: Christus, Päpste, Kardinäle, dann immer wieder den König Herodes und Salomon. Vor allem aber die römischen Kaiser wie Diocletian (Iffeldorf, St. Veit) und Karl V (Wien, Kunsthistorisches Museum). Bedeutet in unserem Fall der Hund den Anspruch auf die Kaiserwürde?

Die ganze Ismaninger Idylle stört nur eine rabenschwarze Wolke. Joseph Ludwig, der zweite Sohn des Kurfürstenpaares, ist nicht so recht gesund. Sollte er sterben, steht auch die Zu-

kunft des Hauses Wittelsbach letztendlich nur »auf zwei Augen«. So kommt Karl Albrecht seiner Amalie wieder näher und sie in andere Umstände. Bevor sie ihm aber das mitteilen kann, ist der Kleine tot. Er wurde nur fünf Jahre und drei Monate alt.

Jetzt hofft Karl Albrecht wieder auf einen Sohn, und um den einen, der ihm verbleibt, bangt man. Um den Kurprinzen Max Joseph. Dieser ist jetzt sechs Jahre alt. Am 16. Mai 1733 legte er den Grundstein für die Asamkirche in München. Auch die Errichtung der Grünen Galerie durch Cuvilliés in der Residenz bekommt er schon mit. Aus den Hofrechnungen wissen wir, daß Johann Baptist Zimmermann die Stuckarbeiten erledigt.

Was vor dem Kurprinzen aber geheim gehalten wird: Der Vater kauft am 1. Juli 1733 das an der Kapplerbräugasse gelegene

Immer im Gefolge der Wittelsbach-Brüder: Schöne, junge und letztlich nachgiebige Frauen, die für ihre Bereitschaftsdienste kostbare Roben erhalten. Detail aus Horemans Hofkonzert in Ismaning.

Grundstück für das Holnstein-Palais, das einmal seiner geliebten Ingenheim und dem gemeinsamen Sohn Franz Ludwig von Holnstein aus Bayern gehören soll. Der nunmehr zehnjährige Knabe hat das gleiche Wappen wie der regierende Wittelsbacher. Es schmälert nur der *Bastardbalken*, ein roter Strich. Zu sehen ist diese heraldische Variante noch heute unter dem Giebel des von Cuvilliés und Johann Baptist Zimmermann gestalteten Palastes. Der Topos heißt schon lange nicht mehr Kapplerbräugasse, sondern Kardinal-Faulhaber-Straße. Und aus dem Palais der Mätresse ist das des Münchner Erzbischofs geworden. Auch ein pikanter Reim!

Acht Jahre ist die mittlerweile 29jährige Ingenheim schon mit Spreti verheiratet. Und ihr Wesen und Wollen, ihr Sehnen und Suchen haben immer noch nichts von ihrer Spann- und Liebeskraft verloren, was Karl Albrecht ja so bewegt und erregt. Daraufhin deutet natürlich der Bau des Palastes nach so vielen Jahren des ersten Kontaktes. Aber es fallen auch die Besuche im Jagdschloß von Wolnzach auf, einem Geheimtreff der beiden.

Karl Albrecht kümmert sich jedoch 1733 nicht nur um die Ingenheim, sondern auch um die 24jährige Mutter seines Sohnen Helfenberg. Wir lesen dazu im Hofkalender: »Wurde die Freyle Maria Josepha von Morawitzky in Nimphenburg zu Cammer-Freylen gnädigst praesentirt und Ihr der Cammer-Schlüssel zugestellet.« Schon eine arg komische Konstellation: Die Mätresse wird Kammerfräulein der Ehefrau Amalie. Peinlich oder nur praktisch?

Für Karl Albrecht wahrscheinlich praktisch! Dies folgern wir aus seiner Begegnung mit der hübschen Komteß Josepha von Fugger-Zinneberg. Er lernt sie mit großer Wahrscheinlichkeit 1733 kennen. Auch sie schenkt ihm einen Sohn, den Grafen Wackerstein. Und woher kommt dieser Name? Im territorialen Tilly-Nachlaß der Oberpfalz liegen die Besitztümer Wackersberg und Stain (Stein). Wie es aussieht, haben wir es mit einer Kombination zu tun. Auch das Fräulein Fugger-Zinneberg erhält einen standesgemäßen Wohnsitz (an der Münchner Theatinerstraße) und natürlich auch Eheherrn (von Oettingen).

Verwöhnt wird sie vordererst vom galanten Kurfürsten, bedient von einem noch attraktiveren Kammerfräulein. Und dieses lockt Karl Albrecht vom Separée der Herrschaft weg zum einfachen Frauenzimmer. Da kommt es schon, wie es kommen muß! Auch das »Kammermensch bei der Gräfin Fugger« stellt bald Veränderungen seines schönen Leibes fest. »Ex matre ignobli« (aus einer nichtadeligen Mutter) wird dann ein Knabe geboren: Mister de Wart.

Daß Karl Albrecht das Doppel Dame-Dienerin mehr als einmal genießt, zeigen uns seine Visiten bei der von ihm bereits geschwängerten Maria Josepha von Morawitzky. Dort macht sich ebenfalls eine

Kammermagd nach ihrem Dienst noch frei. Natürlich für eine Herzensangelegenheit. Und eines dieser Schäferstündchen endet für die Zofe »mit der schweren Stunde im Wochenbett«. Ihr Kind lebt nicht lange, die Mutter aber sehr gut – als Kastnerin in der kurfürstlichen Stadt Kemnath. Das Amt, das sie (oder ihr Mann) dort verwaltet, übt sie im schönsten Gebäude des Ortes aus. Die Raubkatzenköpfe an der Fassade erinnern sie an ihren Münchner Residenz-Löwen Karl Albrecht.

Dieser aus einfachem Haus stammenden Gespielinnen des Landesherrn gedenkt auch Karl-Albrecht-Biograph Lipowsky: »Nebst mehreren Adeligen hatte er auch einige Geliebte aus dem bürgerlichen Stande, deren Kinder er aber nicht so splendit versorgte.« Eine Tochter »aus einer nichtadeligen Mutter« erhält 30 000 Gulden Heiratsgut und einen nicht schlecht verdienenden Zahlmeister namens Gutmann zum Ehemann.

Dann wissen wir von einem natürlichen Sohn Morocz, dem der Vater über seinen Bruder Johann Theodor einen Kanonikerposten in Freising zuschanzt. Dieser Sprößling liest aber lieber mit Damen Dramen als mit Ministranten Messen und wird Schauspieler. Außerhalb Bayerns selbstredend!

Insgesamt, so errechnen im 19. Jahrhundert Historiker, hat Karl Albrecht rund 60 uneheliche Kinder. Zwischen seinem 15. Lebensjahr und seinem Tod liegen nicht ganz 30 Jahre. Das heißt: Der Wittelsbacher wird im Durchschnitt knapp zweimal pro Jahr Vater eines Bastarden. Übrigens, der bischöfliche Bruder Johann Theodor bringt es auf ebensoviele Nachkommen. Eine seriöse Zahl, die immerhin der Direktor des Vatikan-Archivs, Giuseppe Garampi, ein Zeitgenosse des Wittelsbachers, ermittelt.

Da schon im 18. Jahrhundert in Hofkreisen gemunkelt wird, Karl Albrecht habe von einigen Mätressen (so von der Ingenheim) mehrere Kinder, dürfte die edle Herde seiner schönen Schäferinnen bei über 30 liegen. Daß dieses zutreffen kann, zeigt ein Bericht des aus dem Schwäbischen stammenden Hofmeisters Carl Julius Weber, der allein in der Badenburg 16 Mätressen-Porträts zählt.

Nur wenige wissen, daß der Kurfürst auch eine Schönheitengalerie in der Residenz in Auftrag gibt. Dazu sagt Lipowsky: »Erbaute Karl Albrecht stattliche Häuser oder Paläste für seine Geliebten, deren Porträte er in einem am linken Flügel des Schlosses nächst der Hofkirche befindlichen Vorsaale mit gut vergoldeten zierlichen Rahmen umgeben, verwahrt hatte.«

Doppelte Moral in der Amalienburg

1734

In Predigten erscheint Luther als »wildes Schwein« und im neuen Nymphenburger Schlößchen der geile Schwan mit Leda über Amalies Bett

Nach Zeitungsberichten zeigt sich zur Jahreswende 1733/34 in Regensburg »der Tod in leibhaftiger Gestalt auf der Brücke unterschiedlichen Menschen«. Derjenige Gevatter also, der kurz vorher Karl Albrechts zweiten Sohn dahingerafft hat. Der Wittelsbacher blickt nunmehr zurück »in sein bißherig Leben«, schreibt der Gesandte von Francken. Elf Jahre ist der Kurfürst jetzt verheiratet, und nur fünf Kinder, wovon schon zwei nicht mehr leben. Von heute aus gesehen ist das genug. Aber die Monarchie damals stellt sich ja selbst die Falle der männlichen Erbfolge. Und eine Frau wird ja sowieso nur als Lustobjekt und gebärender Untermensch angesehen. Die Homiletik-Lektüre läßt wirklich keine andere Botschaft zu.

Natürlich kommt Karl Albrecht nicht auf die Idee, daß er sich mehr um seine Frau kümmern hätte sollen. Er glaubt, wie alle Zeitgenossen auch, daß das Geschlecht des Kindes von der Frau bestimmt werden kann. Wenn sie richtig trinkt, hüpft, ißt oder schläft. Die Einfalt hat tausend Facetten.

Aber vielleicht schaut 1734 alles wieder ganz anders aus, in jenem Jahr, das ganz im Zeichen der Kurfürstin Amalie steht. Sie erwartet nach sechs Jahren wieder einmal ein Kind. Und: Mit den Arbeiten zu der nach ihr benannten Amalienburg in Nymphenburg wird begonnen. Man nennt es heute allgemein das schönste Rokoko-Schlößchen der Welt. Nach den Bombennächten des Zweiten Weltkrieges teilt sich die Meisterleistung des Cuvilliés und seiner Kollegen uns heute unverfälscht mit.

Vollendet wird 1734 in München ein weiteres Meisterwerk: der Hochaltar in der Münchner Peterskirche. Aus diesem Anlaß halten eifernde und geifernde Priester vom 28. Juni bis zum 6. Juli Festpredigten, in denen die Todsünden des Kurfürsten sozusagen mit dem Bonus der hohen Geburt aufgewogen werden. So erzählt der Karmeliter Luca a San Benedicto über den Landesherrn: »Diser andere Teutsche Salomon hat sich heftig entschlossen und öfters bekennet, ehender sein gantzes Land, ja sein eigenes Blut daran zu setzen, als die mindiste Mackl des Unglaubens zu gedulten.« Genau deshalb paßt es also auch, wenn der Kanzelprediger feststellt, das Haus Wittelsbach werde genannt: »Die unbefleckte Tochter Gottes.«

Dann besteigt noch der Jesuit Andreas Gastl in St. Peter die Kanzel.

Nach seiner Behauptung werde Wittelsbach »ausser allen Zweifel leben, biß sich die Welt wird neigen«. Die Begründung des Lobes auf das von Karl Albrecht geführte Land: »So den Krantz ihrer Glaubens-Jungfrauschafft nit verlohren.«

Dabei, so argumentiert der Minorit Victor Mayr, habe Luther »das äusseriste versuchet, auch das Catholische Bayren mit seiner verdammlichen Fleisch-Bauch- und Irr-Lehr zu vergiften«. Und dann: »Wie arglistig hat nit dises wilde Schwein, auß dem Forst von Eißleben in den schönen Bayrischen Weinberg Petri wollen übersetzen.«

Wir können nur feststellen, die Kirche in Kurbayern hängt die Lobes-Litanei auf Karl Albrecht dermaßen auffällig an die große Glocke, daß dieser an seine gottgewollte Stellung glauben muß, gerne glaubt und sich somit als Sakrosankter über alle Gebote erhebt und stellt.

Der Zufall will es, daß ausgerechnet in diesem Jahr 1734 das zweibändige *Wald-Lerchlein* des Clemens von Burghausen (nach seiner Geburtsstadt so benannt) erscheint. Ein für die Zeit frecher Fürstenspiegel, der die Schandtaten Karl Albrechts

Geistliche Haßtiraden gegen Luther: »Wie arglistig hat nit dises wilde Schwein, auß dem Forst von Eißleben in den schönen Bayrischen Weinberg Petri wollen übersetzen.« Gemälde auf der Veste Coburg.

reflektiert. In Kurbayern hätte das Werk nie erscheinen können und so verläßt es die Presse in der freien Reichsstadt Augsburg, die dem Wittelsbacher überhaupt nicht gewogen ist.

Hören wir dem Verfasser zu: »Der geringste Priester stehet in höherem Ansehen als ein gecröntes Haupt.« Fürstlicher Reichtum sei der Weg zur Hölle. »Wollan ihr Reiche, weinet und heulet in eurem Elend, das über euch kommen wird.«

Dann rüstet der Geistliche zum Lob auf den Feldherrn Tilly, nach dessen Herrensitze der Kurfürst, was allgemein bekannt ist, seine illegitimen Kinder nennt. Zitat: »Die Hand Tilli war also starck, weil sie niemahl ein schwaches Weibsbild befasset.« Leider, leider, so Clemens, sei es auch so: »Schönen Weibern setzen die gaile Venus-Kinder nach wie die Jäger dem Fuxen, welcher einen schönen Balg hat.«

Wie schließlich dieser Clemens über die Vorgänge in der Residenz informiert ist, zeigt der Satz: »Lehrne, deinem Eheweib nachzugeben, gedencke, daß sie sey einer schwächeren Natur, schlag nit gleich zu mit dem Stecken, oder Ellenstab, würf nit gleich mit Prügel drein.«

Wir wissen nicht, ob Karl Albrecht diese zwei Bände in die Hände nimmt. Gewiß aber ist, daß er sich über das Nymphenburger Ereignis vom 7. August 1734 nicht freut. Ehefrau Amalie wird nur von einer Tochter (Maria Anna) entbunden. Sie soll einmal den um 32 Jahre älteren Baden-Markgrafen Ludwig Georg heiraten (der die Ehe nicht lang überlebt).

Doch bleiben wir in Nymphenburg. Enttäuscht bricht von dort aus der Kurfürst am 14. August nach Altötting auf und verrichtet in der Hoffnung auf weitere Geburtswehen der Amalie mit besserem Resultat »bey dem, wunderthätigen Gnaden-Bild der Mutter Gottes Mariae Dero Andacht« (Hofkalender). Dann geht es über Braunau, Landshut und Straubing wieder zurück.

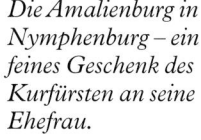

Die Amalienburg in Nymphenburg – ein feines Geschenk des Kurfürsten an seine Ehefrau.

Im Oktober eine Reise der Liebe zum Edelgut Hexenagger, das er seiner Maria Josepha von Morawitzky (jetzt 25) geschenkt hat. Dort kann man ausgezeichnet aufspüren und verführen, also Weidmann und Schürzenjäger in einer Person sein. Weidmann Karl Albrecht kommt auch keinem ins Gehege, die Geliebte ist noch immer unvermählt. Und damit die Todsünden einst leichter wiegen mögen, beauftragt der Liebhaber seinen Starkünstler Johann Baptist Zimmermann, die Kirche von Hexenagger extra schön zu stuckieren.

Im November gehört der Landesherr dann für eine knappe Woche ganz allein seiner Ehefrau Amalie. Laut Hofkalender sind beide »in

die Gebirg-Refier abgegangen und in den am Ammer-See gelegenen sehr wohl gebauten Closter Diessen das Quartier wegen Entlegenheit der Jagden genommen«.

Die Jagd! Wir haben schon gehört, daß Amalie gerne die Hirschen verfolgt. Ihr einziges Hobby. Und jetzt macht ihr der Eheherr klar, daß ihr festes und bestes Steckenpferd der ganzen Zügellosigkeit der Liebe überlegen sei. Genau dies führt er ihr in der Amalienburg vor.

Wenn wir heute vor diesem Kleinod stehen, dann fällt natürlich sofort die Jagdgöttin Diana mit Waldhorn und Speer, Netz und Schweinskopf auf. Zwei Putti assistieren ihr. Korrekt schmückt die Mondsichel das Haar, die halbentblößte Brust ist stilwidrig, da Diana als ewige Jungfrau Wert auf Bedeckung legt.

Die Göttin hat im Altertum mehrere Kompetenzen. Erstens beschützt sie Gebärende. Kinderlose Paare flehen sie an; der Mond, seit alters Symbol der Frau, gehört zu ihren unverwechselbaren Attributen. Von lüsternen Männern will Diana absolut nichts wissen. Wer ihr gegen ihren Willen nachstellt, ist (wie Orion oder Aktäon) des Todes. Wir sehen, Karl Albrecht kann diese Göttin seiner Frau frohen Herzens zuordnen.

Und dies noch aus einem zweiten Grund. Diana gehört die Jagd und umgekehrt. Die antiken Künstler präsentieren sie uns mit Rotwild

Jagdgöttin Diana in ihrer Aura über dem Portal der Amalienburg. Die Details faszinieren noch heute. Nur die halb entblößte Brust der Göttin ist stilwidrig.

*Kampf auf der Wipp-
schaukel. Die zwei
Putti links strengen
sich für die Liebes-
göttin Venus an.
Vergeblich, es siegt
nämlich der Diana-
Putto, der allein den
Balken zu Gunsten
der Jagdgöttin senkt.*

*Zufrieden schaut
Jagdgöttin Diana
zu ihrem Putto auf
der Wippschaukel.
Der wilde Vogel und
der Halbmond (in
Sichelgestalt) sind
ihre unverwechsel-
baren Attribute.*

76

an der Seite und Köcher am Rücken. Idealtypisch die Artemis (= Diana) von Versailles (Paris, Louvre). Auch dieses Ressort kann Karl Albrecht, sogar mit einem gewissen Charme, auf seine Frau projezieren.

Jetzt aber beginnt die Gemeinheit. Er beansprucht für sich als Mann natürlich auch die Gunst der Diana, darüberhinaus auch die der Venus und des Bacchus. Man(n) darf also praktisch alles. Genau diese Ideologie führte er der Frau bisher vor – ohne Skrupel und Liebe.

Schon Zuneigung wäre ein gewagtes Wort, das nur dann stimmte, wenn Mann sie für einen legitimen Sohn braucht. Völlig ausgeschlossen natürlich, daß die Frau den ihr vor dem Altar angetrauten Partner ebenso betrügt und schlägt wie er sie. Diese Einschränkung, ja Einschnürung der Frau, wird am Plafond des Jagdzimmers in der Amalienburg plastisch.

Die Szene ist schnell geschildert. Wir sehen auf einer Randseite drei Putti auf einer Wippschaukel, gegenüber einen Putto auf einer Schnurschaukel und einen, der sich am linken Trageast festklammert. Links und rechts thronen in den Ecken vier antike Göttergestalten mit ihren Attributen.

Wir können sie leicht entziffern. Wer sich mit Jagdhorn und -hund auf der einen Seite und mit Bogen, Pfeil und Köcher auf der Diagonalseite schmückt, dazu weiblichen Geschlechts ist, kann wirklich nur Diana sein.

Eine Schönheit in natura und Amor dabei – das ist selbstverständlich Venus. Dabei fehlt auch der moralische Zeigefinger nicht. Nach Homer ertappte die schöne Göttin auf dem Liebeslager mit Mars ihr gehörnter Ehemann Vulcanus. Dieser schmiedete unverzüglich ein Metallnetz, das er über beide senkte, um sie dem Gespött des Olymp preiszugeben. Genau dieses Netz sehen wir auch in der Amalienburg bei der Venus. Ihr diagonal gegenüber ein leichtgeschürzter Jüngling mit Weintraube in der Rechten, dazu zwei Fasane – ohne Frage Bacchus!

Die Schaukel wird also flankiert von Diana und Venus, die andere von Diana und Bacchus. Betrachten wir zunächst die Wippschaukel. Sie neigt sich auf die Seite der Jagdgöttin. Und das, obwohl in der Mitte des halben Balkens mit leichter Gebärde nur ein Putto sitzt, und ihm gegenüber zwei von seiner Sorte Platz nehmen, einer davon sogar am Ende des Halbbalkens, der obendrein noch etwas länger als der andere ist. Entgegen aller physikalischen Gesetzmäßigkeiten ein klarer Sieg für Diana!

Auf der Schnurschaukel sitzt solo ein vergnügter Putto. Das Seil ist links fest an einen aus dem Boden wachsenden Stamm gebunden, über dessen Befestigung ein zweiter Putto wacht. Klar, die Sicherheit

Leda und der geile Schwan Iupiter. Das laszive Genre über dem Bett der Amalie in ihrem Nymphenburger Jagdschlößchen.

gibt Diana auf der linken Seite! Rechts umschlingt das Schaukelband nur lose den Stamm. Zudem führte es auf eine Bank, an die es mit einer leicht lösbaren Schleife gebunden ist. Davor der Bacchus-Fasan, der mit seinem Schnabel die Schnur sofort lösen kann. Tut er das, folgt der Sturz des schaukelnden Putto in die Tiefe.

Die Ikonographie der Amalienburg ist damit noch lange nicht entschlüsselt. So fragen wir uns unter anderem, was in Bezug auf die Kurfürstin der Hund neben der pudelnackten Venus soll und über Amalies Bett der geile Schwan, der dem entblößten Schoß der Königstochter Leda zustrebt?

In summa aber: Die Schaukeleien sind herrliche Parabeln. Nur, so stellen wir heute fest: Die Diana alias Amalie übersteht die Abenteuer der Zeit erheblich besser. Ihr Mann Karl Albrecht als Venus- und Bacchus-Genosse erlebt die größte Demütigung, den tiefsten Sturz, der je einem Mann dieser Position und Allüren nördlich der Alpen beschieden ist.

Asams Vision von Krönung und Krieg

1735/36

Während Fleury seinen Gesandten aus München abzieht, Maria Theresia in Wien heiratet, läßt sich der Wittelsbacher in die Nähe der Kaiserkrone rücken

Caesar und Macchiavelli waren sich über die Franzosen einig. Sie nehmen eine Sache begeistert auf – »sind mehr als Männer, am Ende weniger als Weiber«. Ja, wenn Karl Albrecht sich ein bißchen mit der Staatslehre befaßt hätte, dann wäre es Frankreichs allmächtigem Kar-

Putto an der Marien-säule bekämpft den gallischen Hahn.

79

dinal André de Fleury (82) nicht möglich gewesen, ihn immer wieder aufs Kreuz zu legen.

Zuviel ist bisher passiert, und zuwenig denkt der Wittelsbacher darüber nach. Als der alte Mann von der Seine jetzt, 1735, seinen Gesandten aus München heimholt, müßten eigentlich in der dortigen Residenz alle Sturmglocken schrill ertönen. Doch man vertraut auf höhere Mächte und Rechte. Im übrigen schaut der Hof auf die Madonna vom Marienplatz. Dort bekämpft ein Putto diesen Gockel aus dem Westen erfolgreich. Heute noch zu sehen!

Ist es nun Symbolik oder Zufall, wenn Karl Albrecht 1735 auf Hahnjagd geht? Wir lesen erstaunt in der Hofchronik, daß er sich zunächst mit seinem Bruder Johann Theodor in Erdings Umgebung »mit Wild-Gänß schiessen divertirt«, dann aber in Neunburg vorm Wald lustvoll auf Auerhähne zielt. Freilich, sein Jagdterrain ist noch viel größer. In Geisenfeld weilt er auf der »Hirschfaist«, und natürlich kommt die Eberjagd nicht zu kurz. Ebenso vernehmen wir: Man trifft nicht nur das Schwarzwild, sondern auch den Schatz mit rotem Mund.

Anna Maria Löwenfeld, Tochter des Kölner Erzbischofs Clemens August. Sie soll später seines Bruders Karl Albrecht illegitimen Sohn Holnstein ehelichen. Gemälde von Desmarées.

Da unterscheidet er sich nicht von seinen Brüdern, auch nicht vom Kölner Bischof Clemens August. Dessen Liebchen ist gerade die zartbesaitete Harfinistin Mechthild Brion. Von ihr erhält er eine Tochter Anna Maria, die spätere Gräfin Löwenfeld, so benannt nach dem Vater aus dem Land (= Feld) des bayerischen Löwen. Sie soll einmal ihren Cousin Holnstein, also den Sohn der Ingenheim und Karl Albrechts, ehelichen. So skabrös wie skandalös!

Und nebenbei: Das hübsche Bildnis der Ingenheim trägt der bayerische Kurfürst noch immer im Herzen. Gedenken wir der Gunst jener einzigartigen Göttin mit zwei Männern, dürfen wir die Kunst der sieben Musen nicht außer Acht lassen. Daß sich eine dann derart offen entblößt, gehört zu den Schwächen oder Stärken (eine schwere Entscheidung) des Cosmas Damian Asam, der in der Ingolstädter Kirche Maria de Victoria eben das Deckenbild vollendet. Wir staunen: Karl Albrecht mit dem Goldenen Vliess und schwertertragenden Bayernlöwen an der Brust kniet vor der Iupiter-Geliebten Europa (oder der Iupiter-Tochter Minerva), die dem Wittelsbacher zwar unter Beihilfe des Iupiter-/ Kaiseradlers mit der Rechten die Kaiserkrone entgegenstreckt, mit der Linken aber die brennende Fackel an die Weltkugel hält. Dazwischen der Kurprinz Max Joseph mit dem Georgi-Ritter-Kreuz und einem Zweig (aus dem blühenden Stammbaum derer von Wittelsbach) in Händen. Ist das Ernst oder Persiflage?

Für Karl Albrecht natürlich ersteres. Ob Asam feixt? Jedenfalls eines wissen wir bestimmt. Am 15. August 1735 (Mariä Himmelfahrt) kniet der Kurfürst unter dieser Phantasie und seiner vermeintlichen Schutzherrin Maria. Sie soll ihm beistehen, dereinst das österreichische Erzherzogtum und die böhmische wie römische Krone zu erbeuten.

Der kommende Kriegsdonner zeichnet sich also abermals ab, und dazu paßt ein Geistesblitz des Wittelsbachers. Er erkennt erstmals ganz schwach, daß man für den notwenigen Waffengang Geld braucht, viel Geld. So führt er 1735 zur Hebung seiner Finanzkraft das Lottospiel ein. Die erste Ziehung findet Mitte des Jahres im Münchner Rathaus statt.

Im Hause Österreich spielt man deswegen nicht Lotto, sondern eine Trumpfkarte aus. Gewiß, mit dem Tod des Prinzen Eugen 1736 geht ein psychologisch sehr wichtiges As verloren, das nicht mehr gefährlich werden kann (so wie vor 30 Jahren bei der Niederlage des

In Maria Theresia findet Karl Albrecht seine Meisterin. Schon dem Mädchen bringt man bei, für den Bestand Österreichs zu kämpfen.

Vaters in Höchstädt). Jedoch, da liegt andererseits ein schönes Blatt auf dem Tisch: Herz Dame. Am 12. Februar 1736 heiratet in Wien Maria Theresia (18) den Franz von Lothringen (28). Auf dem Immerwährenden Reichstag in Regensburg wird das Fest mit einem Schmaus um eine »hufeiserne Tafel« mit 36 Gedecken eröffnet. »Hufeisen bringe Glück«, vermeldet der Gesandte von »Austraica« nach Wien. Sauertöpfisch gibt sich Karl Albrechts Ambassadeur Franz von Praidlohn. Den kurkölnischen Johann von Francken, ein Allround-Einsatz der Hausunion, dagegen zieht dieses Hufeisen an. »Mit meiner Ehekonsortin.« Anschließend genießt er »ein Spiel, Ball und Souper mit sehr höfischen expressionen«.

Die meisten Gesandten des Reiches, sieht man von denen Wittelsbachs und Kursachsens ab, sind so eindeutig für den Bestand Österreichs und seine künftige und zünftige (man möchte es nicht glauben) Regentin, daß zu diesem Zeitpunkt nur ein Narr von einer Annexion durch die Bayern sprechen kann. Zum Image der jungen Habsburgerin tragen auch diverse Peinlichkeiten ihrer Gegner bei. In Dresden, so hört man in Regensburg, hat man just zu dieser Zeit eine zusätzliche Variante, wonach sich der Anspruch des Karl Albrecht auf seinen Urgroßvater Maximilian I. stützt, der die Österreicherin Marianne geheiratet hat.

Eine gutgemeinte, aber abstruse Konstruktion. Dem bayerischen Löwen, so sagt man auf dem Reichstag, wird damit ein Bärendienst ohnegleichen erwiesen. Denn bei den vielen Eheverbindungen, die österreichische Erzherzoginnen in den letzten drei Jahrhunderten eingegangen sind, darf mit solchen Begründungen die ganze Welt Anspruch auf Wien ableiten, selbstverständlich auch auf Prag und was sonst noch dazugehört. Die Komödie gleitet also bayerischerseits in eine Tragödie ab.

Auf diesen morschen Theaterbrettern erscheinen als Komparsen auch die bayerischen Adeligen. Man tut zwischen Waldsassen und Wendelstein so, als hörten hinter den weißblauen Kurgrenzen Welt und Weisheit auf. Aber andererseits kann dies auch nicht so verwundern. Exakt 1736 befreit Karl Albrecht die landwirtschaftlichen Produkte des ohnehin sehr reichen Adels von den Zöllen. Daß angesichts solcher Privilegien der selbständige Bauer buchstäblich auf den Hund kommt, muß wohl nicht betont werden.

Nichtadelige Personen sind eben keine Menschen, sieht man von denen mit fraulichen und erbaulichen Reizen ab. Da gilt natürlich die Regel der Ebenbürtigkeit und was die Lage und Tage erheischen.

Der Bürger ist vor dem Herrn im Himmel und auf Erden (Karl Albrecht) ein nichts. Dies verspürt in unserem Jahr 1736 besonders die Reichs- und Fuggerstadt Augsburg. Johann Jakob Moser berichtet: »Geriethe der Churfürst mit der Stadt Augspurg, weil diese die

Bayerischen Münche in ihrem Gebethe herunter gesetzet hatte, in Verdrüßlichkeiten. Um der Stadt nun sein Mißvergnügen hierüber empfinden zu lassen, verordnete er eine Sperre derer Lebens-Mittel, welche bey nahe ein Jahr dauerte, so grosse Bemühung sich auch die Stadt zu deren Aufhebung gegeben hatte.«

Am 31. Mai 1736 ein ganz eigentümliches Familienfest! »Fräule« Maria Josepha von Hohenfels heiratet den Comte Maximilian de Baviere. Die Braut ist keine andere als eine der ersten illegitimen Töchter Karl Albrechts, der Bräutigam ein illegitimer Sohn Max Emanuels. Die rund 18jährige Hohenfels gibt also ihrem Onkel (41) das Jawort.

Und weil sich seit eineinhalb Jahren kein Nachwuchs in der Residenz eingestellt hat, schickt man die mittlerweile 34jährige Amalie in das »Gesundheits-Baad von Adlholtzen« (Hofkalender). Ob man sich dort im richtigen Fahrwasser bewegt? Am 12. Juli jedenfalls bereitet in Berg Karl Albrecht der Zurückkehrenden einen überquellenden Empfang: »Auf dem grossen Schiff oder sogenannten Bucentauro.«

»Es wurden«, so lesen wir im Hofkalender, »die Stuck auf dem Schiff dreymahlen abgefeuert, auch Nachts auf dem Schiff gespeißt,

Kampf gegen die Reichsstadt Augsburg. Nur weil man dort den Mißbrauch der Mönche eindämmt, läßt der Wittelsbacher die Lebensmittelzufuhr sperren. Dabei bekämpft dort der heilige Michael (am Zeughaus von Elias Holl) den Teufel genauso wie in München.

und ware auf dem See ein Lust-Feur zu sehen.« Es ist eine Wonne, weiter im Hofkalender zu blättern. Am Tag danach sagt man »eine Hirsch-Jagd in dem See« an. Wir lesen: »Letztlich liessen sich Ihro Churfüstl. Durchl. mit Ihrer Durchl. der Churfürstin auf einem kleinen Schifflein herunter, und gaben einem Hirschen mit 10 Enden in dem See den Fang. Unter während obgemeldeter Jagd liessen sich Trompeten und Paucken auf dem Schiff unaufhörlich und die Stuck zum öfftern abgefeuret hören. Der gantze Hof ware im Schloß-Berg, ausgenommen beyde Printzen Max und Clement Durchl. Durchl., welche der mehreren Bequemlichkeit halber im Schloß Starnberg einlogirt waren.«

Doch man hat sich alles anders vorgestellt. Der grandiose Empfang und nicht eine Empfängnis bleibt bei Amalie in Erinnerung. Die Hoffnung freilich gibt man (Karl Albrecht) nicht auf.

Und so wallfahrten die Hoffenden am 17. August 1736 nach Sossau bei Straubing. Karl Albrecht kennt sicherlich das vor 16 Jahren erschienene Buch *Marianische Schiffahrt*, in dem nachzulesen ist, daß im Jahr 1177 Engel die Kirche deswegen über die Donau gebracht hätten, weil am alten Standort Räuber hausten. »Was aber solte sich die Allerreineste Jungfrau mit so befleckter Nachbarschafft länger betragen?« Der Transfer (»ein grosses Wunder«) hat zur Folge, daß die Marienkirche von Sossau kein Fundament hat. Seitdem reiße eine wahre Serie von Wundern nicht mehr ab. Insbesondere Frauen pilgern dorthin. Sie bitten entweder »umb eine Leibesfrucht« oder »ihre Reinigkeit«.

Den Besuch der Münchner Herrschaften hält Chronist Joseph Anton Zimmermann in einem weiteren Buch fest. Danach verlangt Karl Albrecht: »Man solle das Erdreich von dem Gemäuer der Kirchen hinweck raumen, um mit Augen zu sehen, ob die Kirchen kein Fundament, oder Grund-Feste habe.« Dies wird auch gemacht, und des Wunderns über so ein Mirakel ist kein Ende. Also spricht der erstaunte Wittelsbacher: »Das haben wir niemahls gewust, daß wir in unsern Landen ein teutsches Loretho besitzen.« Neben diesem Bericht ist das Engelswerk von 1177 in Kupfer abgebildet.

Im Klartext, die Muttergottes von Sossau soll helfen. Vergnügt reist man so nach Wartenberg, in dessen Umgebung leidenschaftlicher geschossen als getroffen wird. Amalie muß feststellen, daß man eher hundert Hirsche zur Strecke als einen Sohn auf den Weg bringt.

An dieser Stelle hat man den Eindruck, Karl Albrecht schätzt himmlische Kraft höher als seine eigene ein. Man sieht ihn ungewöhnlich oft fern von zu Hause. Die Beschreibung eines Vergnügens besonderer Art entnehmen wir dem Hofkalender. Danach nützt der Kurfürst am 12. November 1736 ein Kaiserwetter, um mit seinem Bruder Clemens August aus Köln »nachher Stegen an den Ammer-

⁎) o (*⁎*   315

Zu diſer Abbtey gehöret auch **die Wall=**
fahrt zu Soſſau; welche ſehr berühmt iſt we=
gen der wunderbarlichen Uberſätzung, oder vil=
mehr Uberführung über den Donau=Fluß der H.
Kirchen, und daſigen **allhier beygedruck=**
ten Marianiſchen Gnaden = Bilds, ſo
1177. unter Pabſten Alexandro dem III. und
Kayſern Friderico Barbaroſſa, wie auch Chuno=
ne dem II. Biſchoff zu Regenſpurg, und Geb=
hardo von Bedenburg dritten Prälaten zu Winds=
berg geſchehen iſt. Wie dann diſe Kirch zu da=
to ohne grund, wie auf einen grünen Waaſen
allda ſtehet; von welchen mehrers zu vernehmen,
weiſe ich den günſtigen Leſer zu der in Druck ge=
gebenen beſondern Beſchreibung, und Miracul=
Büchl; hier aber nur annoch beyfüge, wie daß
an. 1736. Carolus Albertus Durchläuchtigiſter
Chur = Fürſt in Bayrn und hernach glorwür=
digiſter Röm. Kayſer unſterblichen Angeden=
ckens mit Dero gantzen Allerdurchläuchtigiſten
Chur = Hauß in Soſſau erſchinen, und anverlan=
get habe, man ſolle das Erdreich von den Ge=
mäuer der Kirchen hinweck raumen, um mit Au=
gen zu ſehen, ob die Kirchen kein Fundament,
oder Grund=Feſte habe. Dahero als diſes ge=
ſchehen, und die Erde hinweg geraumet, auch De=
ro allerhöchſte Augenſchein nach angehörter Heil.
Meß auf den Gnaden=Altar, wircklichen einge=
nommen worden, ſprachen Allerhöchſt deroſelbe:
Das haben wir niemahls gewuſt, daß wir in
unſern Landen ein teutſches Loretho beſitzen;
    es

See, allwo eine Schweins-Hatz in dem dasigen See« stattfindet, zu rei-
ten.

Dann der Jagdbericht: »Es wurde nemlich eine Machine auf Flös-
sen im Wasser erbauet, gleich einem großen Hauß, welches mit grünem Laubwerck auf das prächtigste ausgezieret, aus welchem die
Durchläuchtigst Gnädigste Herrschaften mit aller Bequemlichkeit die
in das Wasser eingesprengte Schwein zu schiessen und theils an-
schwimmen zu lassen, gnädigst beliebten, also zwar, daß deren biß
111 Stuck erlegt worden, worunter oben auf einer Gallerie die Trompeten, und Paucken beständig hören lassen.«

Mißwirtschaft und Mädchenhandel

1737-1740

Um Wien zu erwerben, schlägt der bankrotte Karl Albrecht der verheirateten Kaiserlichen Majestät (54) vor, sein Töchterlein (16) zu ehelichen

Feuchtfröhlich geht es in das Jahr 1737. Mit Schneeflocken und Mädchenlocken begeben sich Karl Albrecht und Clemens August am 6. Januar zu einer heißen und verheißungsvollen Schlittenfahrt. Die Regeln sind klar. In den bevorzugten Fahrzeugen nehmen attraktive Damen auf Einzelsitzen Platz. Hinter ihnen jeweils ihr Partner, der auch das Gefährt zu lenken hat. Trabt das Roß nun über eine Wegkreuzung, darf der Herr die Schönheit vor ihm küssen. Das ist gar nicht so leicht, denn der Schlittenführer muß ja alle Zügel fest in der Hand halten. Sonst geht der Gaul durch und die Dame zu Fall. Diese kann ihm aber alles erleichtern – das eine fürchtend, das andere sich wünschend.

Gelingt nun dem Galan auf dem Gespann das Kunststück, ist die Dame nach den barocken Schlittenregeln verpflichtet, beim anschließenden geselligen Beisammensein »ihren Rock zu opfern«. Jeder (und natürlich auch sie) weiß, was das heißt und warum im Oktober soviele uneheliche Kinder auf die Welt kommen. Der dies so erzählt, ist der englische Reichstags-Gesandte Sir George Etherege.

In München besucht nun die Gesellschaft nach Beendigung des weißen Pläsiers »eine Französische Comoedie und darauf das Königs-Mahl von 60 Persohnen« (Hofkalender). Alles wird, so lesen wir weiter, »auf das prächtigste gehalten, und letztlichen mit einem Bal en Ceremonie beschlossen«. Ende der offiziellen Message!

Und weil es gar so herrlich amourös verlief, wird alles am 10. Februar wiederholt. Die Zierde sind abermals die »Hof- und Staats-Damen, welche in kostbaren Pelzwerck und Schlittenhauben« erscheinen. Dann wieder »ein Dantz en Ceremonie« und zum Schluß »ein Frey-Ball, so biß anbrechenden Tag«.

Als sich dann die Herrschaften von ihren erlaubten und unerlaubten Lagern erheben, sind die zunächst kalten und dann heißen Stunden vergessen, und es gibt nur noch ein Thema: Maria Theresia hat einem Mädchen das Leben geschenkt. Nach der Wiener Hofdiktion: Nur! Opa (Karl VI.) poltert. »Nie sind schuldlose Mägdelein beim Eintritt in unsere unhöfliche Welt mürrischer empfangen worden als die Enkelinnen von ihrem Großvater.« Der dies so sagt, ist sein Schwiegersohn, der nachmalige Kaiser Franz I.

In München aber bleibt selbst ein Mädchen aus. Dafür wird Karl

Albrechts Mätresse Maria Josepha von Morawitzky am 4. März sozusagen in die zweite Hand gegeben und mit dem aus Oberitalien stammenden Grafen Johann Anton von Portia (35) vermählt. Ausdrücklich sagt der Wittelsbacher zum Bräutigam, daß nur der Braut das Fugger-Palais an der Kapplerbräugasse gehöre (heute Portia-Palais).

Der kleine Graf Helfenberg, Karl Albrechts und Maria Josephas gemeinsamer Sohn, ist noch ein Kind, das gerade zu schreiben und lesen beginnt. Ja, so einen Knaben wünscht sich Karl Albrecht noch von Amalie. Doch diese büchst jetzt zu gerne mit ihrer Jagdgesellschaft aus. Die nunmehr fertig werdende Amalienburg wird ihre eigentliche Heimat. Nannerl Mozart bewundert später »die küchel, wo die Kurfürstin selbst gekocht hat«.

Als nun diese am 7. März 1737 in ihr Schlößl fährt, begegnet ihr an der Stelle des heutigen Hauptbahnhofes »eine zur Criminal-Execution ausgeführte Malefiz-Persohn«. Diese bittet die hohe Frau laut um Gnade. Amalie hält an und weist die Schergen an, »die verwürckte Lebens-Straff ohne Verzug gnädigst nachzulassen« (Hofkalender).

Im April wieder eine gemeinsame Reise: in die Oberpfalz und zum Sitz des Immerwährenden Reichstages. Vielleicht verhilft die Luft am Regen zu neuem Kindersegen. Direkt vor dem Dom hängt in der ehemaligen Taufkirche St. Johann Albrecht Altdorfers »Schöne Maria«. Herr hier ist seit 20 Jahren Karl Albrechts Bruder Johann Theodor. Doch soweit ersichtlich, läßt er sich nicht sehen – weder auf seinem Bischofsthron noch im Beichtstuhl. Und weil das so ist, führen die Diözese die Regensburger Domherren als Lückenbüßer.

Als solche treffen sie in diesem Jahr 1737 eine Entscheidung gegen Karl Albrecht, respektive gegen dessen restriktive Heiratsverordnung. Diese soll nach Meinung der Kapitelgeistlichen nur »in so weit befolgt werden, dass solche Leute durch Vorstellung der Mühseeligkeiten und Gefahren, welche sie bei Verehelichungen übernehmen, davon abgemahnt, bey ihrem Beharren auf Verehelichung aber, da Christus die Ehe für die Armen wie für die Reichen eingesetzet, nicht sollen zurückgewiesen werden« (*Oberhirtliche Verordnungen*). Das ist offener Widerstand.

Als man sich von Regensburg aus auf die Heimreise begibt, kann Amalie ihren Ehegespons immer noch nicht mit einer gewissen Mitteilung erfreuen. So beschließt man eine Wallfahrt nach Loreto. Am 22. Mai 1737 bricht das Wittelsbacher-Paar in dem Wahn auf, der italienische Gnadenort bei Ancona versetze die Kurfürstin in gesegnete Umstände. Ganze fünf Wochen dauert der fromme An- und Ausflug. Mal schauen! Man ist zuversichtlich und versucht nach der Heimkunft, sich von den Strapazen der Reise und den sonstigen Anstrengungen zu erholen: Am Starnberger See. Wie der Hofkalender vermeldet, wohnen Amalie und ihr Mann in »dem Churfürstl. Schloß

*Hauptsache Vergnü-
gen, Nebensache
Politik. So könnte
man kurz aber präzi-
se die Herrschaft
Karl Albrechts
bezeichnen. Das
Kurfürstenpaar auf
Falken-Reiher-Beiz.
Gemälde von
Horemans in der
Amalienburg.*

Perg am Würm-See, da eben ein Hirsch-Jagd in dasigen See einzusprengen veranstaltet gewesen« (Hofkalender).

Zunächst ein splendider Empfang auf dem Bucentaurus, dann das Halali. Wir lesen weiter im Hofkalender: »Nach vollendeter Jagd divertirte sich das Durchleuchtigste Chur-Hauß mit einigen Fischfang auf gedachtem See, und beliebten gnädigst bey dem Steeg in dem Wald das Nacht-Mahl zu nemmen, da indessen sich aus bemerckt grossem Schiff die Trompeten und Paucken unaufhörlich hören liessen.«

Das Wetter ist schön, Karl Albrecht schwimmt ja nicht nur im Geld (das ihm nicht gehört), auch sonst recht gut. Mit großer Wahrscheinlichkeit wird bei diesem Aufenthalt eine Weinflasche gehoben, die man vor Jahren übermütig über Bord warf. Lorenz Westenrieder berichtet: »Man fand darinn den Wein ungemein wohl erhalten, und wer auf dem Schiff war, bekam einen Antheil zum Andenken.«

Vom Starnberger See fährt Karl Albrecht zum Gnadenbild von Ettal, das einst sein vielfacher Urgroßvater Ludwig der Bayer von seinem Kaiserzug aus Italien mitgebracht hat. Ja, das waren noch Zeiten, als dieser Wittelsbacher das Riesenreich errang und behauptete. Daran, daß Ludwig aber eine solidere Wirtschaft betrieb, sich auch um die Finanzen kümmerte, denkt Karl Albrecht nicht. Dessen Ausgaben sind am Ende der dreißiger Jahre trotz immenser Einnahmen nicht gedeckt. Im Gegenteil: Die Mißwirtschaft schreitet munter fort.

Und so dreht sich parallel dazu das Karussell des Leicht- und Unsinns unaufhaltsam weiter. Im Herbst sehen wir die Kurfürstlichen wieder in Wolnzach. Offiziell steht eine »Schwein-Hatz« auf dem Programm, aber wer weiß, was sich hinter diesem Titel des Hofkalenders verbirgt? Das Schloß im Herzen der Hallertau erinnert Karl Albrecht an das so wohltuende Spenderherz in der Brust der Ingenheim (nunmehr auch schon 33)

Dann 1738! Um das wichtigste zu sagen: Wieder kein kurfürstliches Kind in der Wiege. Wie denn auch? Amalie ist zu oft allein. Schon im Januar bricht sie mit einem Gefolge von 30 Personen auf und sucht die schönsten Jagdreviere des Kurlandes auf. Dabei schaut sie einmal bei Graf Königsfeld in Alteglofsheim vorbei, wo sie die nackte Gräfin am Plafond bewundern kann. Mitte April steigt hier Karl Albrecht ab. Doch er hat nur für eine »Mittagssuppe« Zeit. Wo doch die Auerhähne auf den Schuß des Münchner Gockels warten! Der Mann will andererseits nicht undankbar sein. Kurz nach seiner Abreise ernennt er »Herrn Grafen Georg von Königsfeld zu Dero Vice-Stadthaltern des Herzogthumbs der Obern Pfaltz« (Hofkalender).

Irgendwie geht es zwischen den einzelnen Punkten des gigantischen Vergnügungsprogramms noch ein bißchen um Politik. Mitte Mai wird der bayerisch-französische Vertrag erneuert. Was aber ist er wert? Nicht einmal das Papier, auf dem er festgehalten wird. Die *Prag-*

matische Sanktion nämlich stellt Paris, was München so sehnlich wünscht, nicht in Frage.

Dafür erneuert der Kurfürst 1738 die Schulordnung seines Territoriums. Darin der Befehl: »Ubrige und unnothwendige Gemeinschaft der Mägdlein und Knaben sollen die Schulmeister mit allem Fleiß verbieten.«

Im Sommer die letzten Versuche des kurfürstlichen Ehepaars, einen Sohn zu bekommen. Karl Albrecht zählt mittlerweile 41 Lenze, seine Frau knapp 38. In ihrem Alter werden Geburten immer lebensgefährlicher. Man weiß dies natürlich.

Aber man vertraut auf die heilige Maria. Vor genau hundert Jahren wurde die ihr gewidmete Mariensäule in München geweiht. Jetzt feiert man das Jubiläum groß Anfang September. Ein türkisches Zelt wird ihr zu Füßen aufgestellt und mit dem Allerheiligsten geziert. Karl Albrecht hat das Fest um zwei Monate vorverschoben. Und dies hat seinen Grund. Im August hatte ihm Amalie mitgeteilt, daß Maria geholfen hat. Sie ist nach vielen Jahren wieder einmal schwanger. Der Medikus hat aber auch bei ihrem Mann zu tun, der bei einer Parforce-Jagd vom Pferd stürzt. Maler Horemans hält die erste Hilfe fest (Amalienburg).

Mag der Wittelsbacher dabei an seinen Wunsch denken, endlich ein Oberkommando im Türkenkrieg zu erhalten. Da gibt es nicht nur resche und fesche Marketenderinnen, sondern endlich die Möglichkeit zu Schlachtenruhm. Dieser Höhenflug ist fast zeitgleich mit der Grundsteinlegung zu St. Michael, dem Sieger über den Unglauben geweiht, in Berg am Laim. Johann Michael Fischer wird als Architekt gerufen.

Dann 1739 ist das Ende Kaiser Karls VI. abzusehen. Karl Albrecht von Bayern weiß um seine Karten. Ja, ein As wäre noch recht. So läßt er sich zum schmutzigsten aller Vorschläge hinreißen und die Majestät in Wien fragen, ob sie nicht seine Tochter Maria Antonia Walburga heiraten wolle. Er, der Vater, bringe das Opfer, dem nunmehr 54jährigen seine 16jährige Tochter zu geben. Klar, dann hätte Wittelsbach den höchsten Trumpf im Spiel um Österreich in Händen.

Diese Ansage ist aber auch deswegen so ekelerregend, weil Karls VI. Ehefrau Elisabeth (48) noch lebt, zwar schwer krank, aber immerhin auch wieder so gesund, daß sie noch elf Jahre hat. Den Heiratsvorschlag Karl Albrechts übergibt dessen Gesandter Maximilian von Perusa in der Hofburg.

Die Idee, Österreich und Bayern abermals durch ein Eheband zu einigen, ist in dieser Form wohl die Krönung im Reich der Luftschlösser. Ganz nebenbei: Man muß noch ein viertel Jahrhundert auf ein solches Ereignis warten. Dann soll die jüngste Tochter Karl Albrechts den Kaiser Joseph II. heiraten.

Aus dem Reich der Gosse stammt nach Ansicht des Kaisers Karl VI. der Bruder Karl Albrechts, Bischof Johann Theodor. Deshalb erhält der Wittelsbacher nicht das erstrebte Hochstift und Bischofsamt in Augsburg. Johann Theodor an der Fassade der Münchner Asamkirche.

Und diese jüngste Tochter ist Josepha Maria Antonia, die just in diesem Jahr 1739 (am 30. März) auf die Welt kommt. Also wieder kein Sohn in München. In ihrer Verzweiflung reist die Mutter im Juni in ihre Heimat. Am 19. des Monats großer Empfang im Kloster Melk. Sie will noch einmal ihre Mutter Wilhelmine Amalie (66) sehen. Beide Frauen umarmen sich am Donauufer unter einem gleißenden Feuerwerk. In St. Pölten gesellt sich auch die eben erwähnte Kaiserin Elisabeth, die von Karl Albrecht schon abgeschrieben worden war, zum Souper.

Dann der schwüle Juli: Außerhalb des Burgfriedens von Wien stehen sich mehr hilf- und ratlos der Kaiser und Kurfürst gegenüber. Höchste Gespanntheit einerseits und noch tiefer Friede andererseits. Die Situation auf den Punkt gebracht: Hier der im nächsten Jahr schon nicht mehr lebende Karl VI. – dort sein politisch mausetoter Nachfolger Karl VII.

Und das wirklich makabre an beiden katholischen Potentaten: Jeder vertraut auf seinen himmlischen Herrn und seine himmlische Frau und deren Beistand und Gerechtigkeit. Ein Anblick für Götter die neue Sicht Karl Albrechts! Damit ja kein Feind im Kurland Fuß fassen kann, verfügt er am 17. November 1739, daß kein Österreicher mehr zum Vorsteher eines bayerischen Klosters geweiht werden darf, wenn er nicht damit einverstanden ist.

Endlich nun zum europäischen Schicksalsjahr 1740! In Wien wendet sich am 24. Januar Habsburger-Kaiser Karl VI. entschieden gegen die Berufung Johann Theodors zum Bischof von Augsburg. Bruder Karl Albrecht kennt sich in seinem Zorn nicht mehr. Die Rechtslage und der versteckte Hinweis, daß der Lebenswandel des Abgelehnten aus dem Reich der Gosse stammt, gelten für Wittelsbach nicht. Jetzt ist Kampf angesagt – und der (verhängnisvolle) Schulterschluß mit Frankreich.

Was soll in diesem Zusammenhang eine kunsthistorische Exkursion? Und doch ist es Chronistenpflicht, darauf hinzuweisen, daß die prachtvolle Kirche in Osterhofen geweiht und mit der Rokoko-Ausstattung in Steingaden begonnen wird, daß das feine Ickstadt-Haus in Ingolstadt, die Klosterkirche in Dietramszell und die Abteikirche in Fürstenfeld vor ihrer Vollendung stehen, Johann Michael Fischer den Bau der Kirche in Fürstenzell (*Dom des Rottals*) übernimmt und Franz Erasmus Asam das subtile Weltenburger Deckenfresko (im Hochaltarraum) seines im Vorjahr gestorbenen Vaters Cosmas Damian fertigstellt, Matthäus Günther das Petrus-Martyrium in Mittenwald malt, Joseph Götz den Hochaltar der Straubinger Karmeliterkirche entwirft und Kaspar Grießmann mit den wohl schönsten Schreinerarbeiten (Chorgestühl und Sakristei-Schränke in Aldersbach) beginnt.

Karl VI., der letzte Habsburger im Mannesstamm, stirbt am 20. Oktober 1740. Seiner Tochter Maria Theresia macht der bayerische Kurfürst die Herrschaft streitig, und so kommt es zum Österreichischen Erbfolgekrieg. Karl VI. auf der Piazza Unita d'Italia in Triest.

Aber die großen Polit-Ereignisse überspülen wie eine Springflut das redliche Schaffen all der bildenden Künstler. Am 31. Mai tritt Friedrich II. (der Große) die Herrschaft in Berlin an. Der König, auch Kurfürst von Brandenburg, trägt das seine zum Glanz und Fall des Wittelsbachers bei. Am 20. Oktober stirbt dann Kaiser Karl VI. Längst lodert die Ingolstädter Kriegsfackel über dem Erdball (Maria de Victoria). Noch 1740 marschiert Fridericus Rex kaltblütig in Schlesien ein.

93

Vorabend der Katastrophe

1740/41

Trotz gigantischer Schulden, einem hungernden Heer und mangelhaft abgesicherten Erbansprüchen ordnet Karl Albrecht die Mobilmachung an

Mit dem Tod Karls VI. erlischt das Haus Habsburg, das bis jetzt 15 deutsche Könige stellte, im Mannesstamm. Wie soll es weitergehen? In jedem Fall braucht das gewaltige Reich, bestehend aus hunderten von Parzellen (Kurfürstentümer, Fürstenreiche, Hochstifte, Grafschaften, Reichsstädte, Fürststifte etc.) ein neues Oberhaupt. Laut Reichsgesetz, der *Goldenen Bulle*, hat das Kurfürstenkollegium allein den deutschen König (und damit den römischen Kaiser) zu küren. So war es jedenfalls bis jetzt.

Zunächst muß man feststellen: Auch 1740 ist die *Goldene Bulle* noch gültig. Zwei ernsthafte Kandidaten stehen zur Wahl: Kurfürst Karl Albrecht von Bayern und Franz von Lothringen, der Ehemann Maria Theresias. Die Chancen für Ersteren sind sehr gut. Die drei Wittelsbacher-Stimmen (Bayern, Pfalz, Köln) scheinen ihm diesmal sicher zu sein. Plus Sachsen! Also fehlt nur noch ein Votum. Und auch das steht fest, denn Friedrich der Große will die Vorherrschaft der Österreicher in Deutschland eindämmen. Mit ihrer Abberufung vom Kaiserthron wähnt er sich in dieser Strategie einen entscheidenden Schritt weiter.

Genau das spürt auch der Graf Törring, der von Karl Albrecht nach Berlin geschickt wird. Selbst Baron Haslang sendet aus London gute Nachricht. Der dortige König Georg II., der auch Kurfürst von Hannover ist, will für den Bayern votieren. In Dresden hat Graf Perusa ein leichtes Spiel, denn Kursachsen gilt als ein verläßlicher Partner. Ja, selbst in Mainz, wohin Graf Königsfeld abreist, stehen die Dinge nicht schlecht.

Die Kaiserkrone zum Greifen nahe, ja praktisch sicher! Anstatt die Wahl in Frankfurt so schnell wie möglich zu organisieren, beansprucht der Münchner nach wie vor ganz Österreich. Alles oder nichts – und das ohne ein eigenes Heer in optimaler Formation und ohne Befestigungswälle um München. Und so wird Karl Albrecht zu seinem eigenen Feind. Gefangen in der Ideologie seines Vaters! Dieser hat ihm immer wieder gesagt und sagen lassen, was ihn zum Erbantritt berechtige: der Ehevertrag von 1546 zwischen seinen Ur-ur-urgroßeltern Albrecht V. und Anna (Habsburgerin) und das Testament Kaiser Ferdinands I., Annas Vater.

94

PROXIMVS·A·SVMMO·FERDNANDVS·CAESARE·CARLO
REX·ROMANORVM·SIC·TVLIT·ORA·GENAS
AET·SVAE·XXIX
ANN·M·D·XXXI

Die Erbansprüche Karl Albrechts stützen sich auf das Testament Kaiser Ferdinands I. (Stich von Barthel Beham) und seine Tochter Anna (Bild von Hans Mielich in der Bayerischen Staatsbibliothek), die den Bayernherzog Albrecht V. ehelichte.

Aber wie ist am 3. November 1740 das Verwundern groß, als der österreichische Kanzler Sinzendorf den Diplomaten in der Kaiserstadt, einschließlich dem bayerischen Gesandten Maximilian von Perusa, das Testament Ferdinands I. zeigt. Darin kann man nur vom Erbrecht seiner Tochter lesen, wenn die Söhne »ohne Eeliche leibs Erben« sind. Und im Ehevertrag steht lediglich, daß Anna und ihre Nachkommen dasjenige bekommen, »was sie von Rechts wegen billig erben sollen«.

Da wird auf einmal ganz Europa klar: Der Ehevertrag von 1546 enthält null Anspruch Bayerns auf Österreich. Das Testament spricht generell von »leibs Erben« und nicht von männlichen. Karl Albrecht meint nun, unter »leibs Erben« seien nur Söhne zu verstehen. Aber dieser Degradierung der Frau zum Un- und Nichtmenschen will sich nun doch niemand anschließen.

Bleibt der Wittelsbacher bei seinem auf Sand gebauten Anspruch, das wissen alle Regierungen, dann bedeutet das Krieg. Freiwillig wird Maria Theresia ihr schönes Land mit seinen Perlen (Wien, Wachau,

Wolfgangsee und Waldviertel) nicht abgeben. Und auch sie sammelt ihre Battaillone. In Preßburg gewinnt sie die Magyaren für die Rückendeckung. Karl Albrecht kann diese ungarische Rhapsodie natürlich gar nicht gefallen.

Und so studiert er zu keiner Zeit mehr die Akten und Gesandtschaftsdepeschen als Anno 1741. Er addiert Tag und Nacht Kurstimmen genauso wie Kriegsgelder und Kavalleristen. Kurprinz Max Joseph kann jetzt seinen 14. Geburtstag feiern, einen weiteren Sohn von seiner Ehegemahlin hat er nicht, und er soll auch keinen mehr bekommen. Amalie wird in diesem Jahr 40.

An illegitimen Söhnen mangelt es nicht. Graf Holnstein, jetzt 18, ist sein ganzer Stolz. Graf Helfenberg zählt zehn Lenze, Graf Wackerstein und Mister de Wart jeweils um die acht. Vergeblich suchen wir in den Tilly-Erblanden der Oberpfalz den Ort Wart und in den Archiven den nach dem Städtchen Freystadt benannten Grafen. Dort wird übrigens 1741 der große Musiker Johann Paul Martini geboren. Er soll einmal das schönste Liebeslied dieser Erde komponieren: *Plaisir d'Amour*.

Soweit ersichtlich hat Karl Albrecht sein Pläsier reduziert. Jetzt herrscht anstatt Venus ihr gemeinster Verführer: Mars. Hätte der Wittelsbacher nur Homer gelesen, dann wüßte er, wie lächerlich sich der Kriegsgott vor den Herrschaften des Olymp gemacht hat. So wird nun in München den Falken freier Flug gelassen.

Derjenige, der dem Kurfürsten am meisten zuredet, die Waffen zu ergreifen, ist Graf Ignaz Törring. Ein Mann, so sind sich die Diplomaten einig, der »sich in alles mischte, alles anfing und fast nichts zu Ende brachte«. Sein schärfster Gegner: Baron Unertl. Er warnt Karl Albrecht auf einer Konferenz und macht ihm die eigenen Schwächen im Heeres- und Urkundenbestand klar.

Nicht einmal 10 000 Mann kann man bayerischerseits aufbieten. Das Offizierskorps eine Katastrophe, ebenso die Ausrüstung. Artillerie fehlt fast vollständig. Weiter hat man soviel wie überhaupt kein Geld für Krieg und Sieg. Im Gegenteil, der Schuldenstand kletterte auf 40 Millionen Gulden. Die Ursache dafür liege in

Vehement gewarnt vor der Mobilmachung hat Baron Unertl den Kurfürsten, doch dieser setzt auf Krieg. Kupferstich von Franz Späth.

Karl Albrechts »verschwenderischem Unterhalt seiner Mätressen«, schreibt schon sehr demaskierend der französische Gesandte am Mannheimer Hof, Blondel. Schließlich darf die fehlende Fortifikation der Hauptstadt nicht unerwähnt bleiben. Diesselbe ist offen wie ein Scheunentor.

Da setzt Karl Albrecht eine zweite Konferenz an, zu der man den widerspenstigen Baron von Unertl nicht lädt. Als dieser dann dennoch von ihr erfährt, eilt er in das Tagungszimmer des Schlosses Nymphenburg. Dort weisen ihn Diener zurück. Sofort stürzt der nunmehr 66jährige die Treppen hinunter, holt sich eine Leiter und klettert von außen hoch, pocht gegen die Fensterscheibe und ruft Karl Albrecht zu: »Um Gotteswillen, Kurfürstliche Durchlaucht, nur keinen Krieg, sonst sind Sie, Ihre Familie und Ihr Land verloren. Trauen Sie den Franzosen nicht. Denken Sie an Ihren hochseligen Herrn Vater – nur keinen Krieg.«

Welch komische Situation, draußen der Realpolitiker, drinnen der Abenteurer Törring. Karl Albrecht schwankt kurze Zeit, daraufhin zieht sein untergebener Vertrauter drinnen demonstrativ den Degen und wirft ihn mit dem Wort »Krieg« auf den Konferenztisch. Damit ist noch etwas Factum: Der fast 60jährige Ignaz von Törring erhält über die bayerischen Truppen den Oberbefehl.

Noch aber besteht ein Fünkchen Hoffnung. Wenn dcr allmächtige Kardinal Fleury (mittlerweile 87) in Paris den Krieg nicht absegnet, bleibt alles beim alten. Selbstverständlich hofft dies der Bayer nicht. In seiner Blindheit nennt er »die französische Krone die alte Hüterin deutscher Freiheit«. Als wenn da nicht die Heidelberger Schloßruine der Pfälzer Vettern stünde!

Über solche Torheiten kann der Kardinal allenfalls den Mantel der christlichen Nächstenliebe decken, aber mitnichten ernstnehmen. Er verfolgt ausschließlich seine Interessen und Intrigen. Welch Phantasterei weiter der Glaube Karl Albrechts, die französische Armee dürfe im Kampf gegen Österreich 40 000 Mann nicht unterschreiten. Dabei ist er, der Hauptnießbraucher, nicht einmal fähig, die Hälfte davon zu bezahlen.

Als er dann merkt, daß er die sich sammelnde bayerische Armee nicht einmal speisen kann, muß er abermals Schulden machen und Juwelen in Paris veräußern. Fleury kann aber alles Gold und Edelgestein nicht blenden. Er spielt jetzt desto glorioser und rigoroser seine Macht aus.

Im Hochsommer 1741 geht Karl Albrecht noch in den Niederlanden betteln – und baden. Seine Pumpversuche zeigen, wie weit ihm das Wasser zum Halse steht. Doch er bekommt immer noch nicht den Rachen voll.

Zum »Kaiser ohne Land« gewählt
1741
Nach dem Überfall auf Passau und Prag okkupiert der Wittelsbacher zwei Titel der Habsburger und erhält in Frankfurt alle neun Kurstimmen

31. Juli 1741. Am Fest des mit Fackel und brennendem Herzen dargestellten Ignatius von Loyola und damit am Namenstag des bayerischen Kriegshetzers Ignaz von Törring gibt Karl Albrecht den Befehl zum zweiten, von Bayern ausgehenden Völkermorden innerhalb von nur knapp vier Jahrzehnten. Das Datum wird mit Bedacht gewählt. Die zwei Kriegsverbrecher bilden sich ein, so hört man im *Corpus Evangelicorum* des Reichstags, daß sie in dem Jesuitengründer Loyola einen mächtigen Fürbitter im Himmel haben.

Und so überfallen bayerische Truppen an diesem Ignatiustag 1741 die Karl Albrecht nicht gehörende Bischofsstadt Passau. Ein klarer Rechtsbruch, ein Satanswerk! Was kann der Oberhirte der Dreiflüssestadt, Joseph Dominikus von Lamberg, dafür, daß der Wittelsbacher auf Größenwahn spielt?

Das schon deswegen, weil weit und breit kein französischer Soldat zu sehen ist. Fleury läßt nämlich erst zwei Wochen später seine ersten Kommandos gen Osten abmarschieren. Und auch Karl Albrecht ist noch weit. Er reist erst am 6. September nach Altötting, dann nach Schärding. Der Münchner Bürgermeister Benno Reindl schreibt dazu: »Gott gebe, daß Höchst Dieselbe glücklich zuruckkommen mechten.« Er weiß, wie riskant oder gar aussichtslos dieses Manöver ist.

Zunächst einmal kann der Wittelsbacher ohne Schwierigkeiten bis Linz vordringen. Dort huldigen ihm am 2. Oktober die oberösterreichischen Stände als neuen Erzherzog. Dann will Karl Albrecht nach Wien, doch Fleury nicht. Spätestens jetzt müßte der Bayer erkennen, daß die Franzosen mit ihm ein intrigantes Spiel treiben. Fleurys Taktik läuft zwar auf eine Stärkung Bayerns hinaus, aber nicht auf eine Vernichtung Österreichs. Und diese wäre Voraussetzung für die bayerischen Erbansprüche. So will es jetzt der Wittelsbacher allein probieren. Welche Hybris, er möchte eine Stadt erobern, die sogar den Türkenmassen widerstand!

Andererseits hat Frankreich kein Interesse an der sofortigen Vernichtung des bayerischen Heeres. So schlägt der französische Marschall Charles Louis Belle-Isle dem Kurfürsten schon sehr bestimmend vor, zuerst nach Böhmen zu marschieren.

Also geht es nach Prag. Doch nicht der Bayer bahnt den Weg dort-

hin, vielmehr der verbündete Graf Moritz von Sachsen, der mit eisernem Willen die Goldene Stadt erobert (am 26. November). Von seinen Kriegern fallen ein General, zwei Offiziere und neun einfache Soldaten. Auch die Franzosen beklagen und begraben einige Landsleute. Auf der Prager Gegenseite »haben ohngefähr 200 ins Gras gebissen« (Reindl).

Wie naiv Karl Albrecht wirklich ist, entnehmen wir seinem im plumpen Französisch geschriebenen Tagebuch. »Am nächsten Morgen«, so lesen wir erstaunt, »hörte ich die Messe auf dem Weißen Berg in einer Kapelle, genannt *Heilige Maria zum Siege*, wo einst mein Ahnherr Kurfürst Maximilian, den großen Sieg erfocht über Friedrich von der Pfalz, genannt *Der Winterkönig*.«

Die Tinte hätte bei diesem Satz stocken müssen. In kompletter Verkennung der Vorgänge von 1620 nennt er den Namen des *Winterkönigs*, der wie er ein Wittelsbacher ist und das wurde, was er, Karl Albrecht, jetzt wird: König von Böhmen und damit automatisch auch erneut ein Kurfürst des Heiligen Römischen Reiches Deutscher Nation (7. Dezember).

Ein Kapitalverbrechen: Ohne ausreichende Rechtsgrundlage marschiert Karl Albrecht in Prag ein und läßt sich auf dem Hradschin zum böhmischen König krönen.

Jeder weiß, wie es dem damaligen König von Böhmen ergangen ist. Er hatte bei dem massiven Machtanspruch der Österreicher auf den Hradschin nicht die geringste Chance. Wer sich die Landkarte ansah, spürte doch sofort, da ging es um Dimensionen, die den nichthabsburgischen Friedrich als politischen Zwerg erscheinen ließen.

121 Jahre später kennt und anerkennt nun Karl Albrecht seine Grenzen nicht. Vollends den Kopf schütteln muß man, wenn man nun noch erfährt, daß künftig seine Ehefrau Amalie zu Hause in München den Titel *Königliche Majestät* zu führen hat. Er stellte mit ihr ja schon allerhand an, schlug und betrog sie, zeigte ihr, daß sie gegenüber seinen Gespielinnen ein Nichts ist, sie aber jetzt in sein böses und verantwortungsloses Kriegstreiben einzubinden, sie gegen ihre eigene Familie in Wien zu mißbrauchen, ist ein Akt vollendeter Schamlosig- und Grausamkeit.

In seiner Verblendung befiehlt er nach der Messe in der *Heiligen Maria zum Siege* die Polit-Prozession nach Frankfurt. Weihnachten 1741 schreibt er an Graf Königsfeld: »Ich billige alles, was Sie bis dato dort unternommen haben und wäre hocherfreut, wenn Meine Krönung am 31. Januar, die der Kayserin aber am 2. Februar stattfinden könnte.«

Vorher will er noch kurz in München vorbeischauen – und so bricht er am 28. Dezember Richtung Süden auf. Auch in dieser Phase muß er den eisigen Wind spüren. Denn schon kann er nicht mehr den nächsten Weg nehmen. Die Falle der Österreicher schnappt schön langsam zu. Die Silvesternacht bringt er einsam und verlassen auf einer Poststation bei Leipzig zu. Und in sein Tagebuch schreibt er: »So ging glücklich dieses Jahr zur Neige; ich hoffe, daß sich das neue ähnlich dem verflossenen anlassen werde.«

Dann eilt man zur Donau. Unerkannt passiert der Wittelsbacher Bayreuth, an der darauffolgenden Poststation schickt er der geistreichen Markgräfin Wilhelmine, der Schwester Friedrichs des Großen, einen Gruß. In München vernimmt er dann das Selbstverständlichste der Welt. Die Österreicher marschieren gegen Bayern. In seiner Verzweiflung bittet er sofort Friedrich von Preußen um Hilfe, doch dieser lehnt ab.

So gleicht Karl Albrechts anschließender Besuch in Mannheim, wo es eine Doppelhochzeit zu feiern gilt, schon einer Flucht. Im Schloß dort kann er das 1728 von Cosmas Damian Asam gemalte Deckenbild mit dem Himmelskönig Iupiter bewundern – natürlich auch seine Lieblinge Venus und Diana und den trunkenen Bacchus.

Im Diarium des Wittelsbachers aus München lesen wir: »Alle Tage waren nun durch prächtige Feste ausgefüllt, es gab glänzende Opern, eine herrliche Stadtbeleuchtung, Vergnügen und Pracht, wohin man sah. Ich aber konnte nur mit geteilten Empfindungen anwesend sein,

da bange Sorge an meinem Herzen nagte und mich nicht zur Ruhe kommen ließ; ich mußte ja immerfort an die meinem Vaterlande drohende Gefahr denken.«

Demnach blickt man unruhig nach Frankfurt, neben Wien und Regensburg der drittwichtigsten Stadt im Reich. Noch immer gilt, was dort Papst Pius II. vor 300 Jahren schrieb: »Das gemeinsame Handelszentrum von Nieder- und Oberdeutschland«. Dort stehe auch »ein berühmtes Rathaus, in dem sich häufig die Kurfürsten versammeln, um über gemeinsame Angelegenheiten zu beraten, und hier wählen sie, wenn das Reich verwaist ist, den neuen Kaiser.«

Und so ist es auch am 2. Januar 1742. Alle neun Stimmen fallen auf Karl Albrecht. Natürlich auch die von ihm im Krieg okkupierte Kurböhmens. Der Mainzer Kurfürst schickt daraufhin unverzüglich seinen Neffen mit dieser Botschaft nach Mannheim. Endlich ist es geschafft. Zum drittenmal stellt (nach Ludwig dem Bayern und Rupprecht von der Pfalz) Wittelsbach den deutschen König. Zur ersten Gratulation marschieren im Mannheimer Schloßpark 24 lustig blasende Postillione auf. In ihrer Mitte Erbreichsmarschall Pappenheim, der die Frankfurter Kür offiziell verkündet. Schon am nächsten

Ein letztes Spiel mit Venus in Mannheim. Deckengemälde (nach der Kriegszerstörung rekonstruiert) von Cosmas Damian Asam.

Nach Ludwig dem Bayern (Mainz, Dom) links und Rupprecht von der Pfalz (Epitaph in Heidelberg) wird Karl Albrecht als dritter Wittelsbacher zum deutschen König gewählt.

Morgen beginnen Audienzen und Schmausereien, Trinkgelage und Toasts. Kuriere aus allen vier Himmelsrichtungen bringen Glückwunschschreiben.

In einem wahren Triumphzug geht es nun ab nach Frankfurt. Man fährt durch Darmstadt und kommt am 31. Januar 1742 vormittags gegen 11 Uhr bei den Rieder-Höfen nahe Sachsenhausen an. Irgendwo auf dieser Strecke erhält der noch Ungekrönte die Nachricht, die Österreicher hätten Passau genommen. Im Tagebuch lesen wir dazu: »Ich mußte mich darauf gefaßt machen, ganz Bayern von den Feinden überschwemmt zu sehen, denn nach der Einnahme von Passau und Schärding war es wehrlos preisgegeben. Ich wußte auch, daß eine andere Abteilung von Tirol aus einzufallen beabsichtige, der Ruin Bayerns schien unvermeidlich, und ich hatte kein Mittel zur Hand, um es zu retten.« Kein Wort der Selbstkritik. Nur dieser Satz: »Ich aber mußte gute Miene zum bösen Spiel machen und mich zum Einzug in Frankfurt rüsten, wo man auf das fröhlichste meiner Ankunft harrte.«

Als Karl Albrecht seinen Prunkwagen sieht, eine kurze Ablenkung. Ist diese Karosse gigantisch! Um 1730 in Paris gebaut, 1741 dort zum Krönungswagen ausstaffiert und zusammen mit acht Pferdegeschirren nach Frankfurt kutschiert. Wir sehen darauf viel Purpurrotes (Kaiserfarbe), Göttliches der Antike und die weißblauen Rauten. An den Ecken prangen weibliche Büsten mit fast entblößten Brüsten und Federschmuck im herrlich frisierten Haar.

*Attraktionen in ver-
schwenderischen
Formen und Farben
begleiten den neuen
Kaiser selbst in seiner
Prachtkutsche. Der
Wagen steht heute im
Marstallmuseum in
Nymphenburg.*

Wem fallen da nicht die hübschen Frauen im kurfürstlichen Serail von München ein? Doch schon wird Karl Albrecht in ein Forsthaus geleitet, in dem seine Kleider gewechselt werden. Draußen warten der Pappenheimer und die Vertreter der Kurfürsten.

Punkt 12 Uhr fährt dann Clemens August vor. Die Umstehenden erleben eine grandiose Begrüßung. Er ist nicht nur fünffacher Fürstbischof (Köln, Münster, Osnabrück, Hildesheim und Paderborn) und Hoch- und Deutschmeister, sondern auch leiblicher Bruder des Kaisers. Anschließend setzt sich der Zug in Bewegung. Karl Albrecht besteigt sein Pariser Gefährt.

Wenig später die Ankunft in der Stadt, die voller Herrscher und Herolde, Hoheiten und Harlekins ist. Alles jubelt dem Wittelsbacher zu – und diesen schmerzen Gicht und Steine. Seine Gemächer gleichen prunkvollen Spitalsälen. Vorbei die Zeiten des Schlemmens und Schlagens.

Und so sehr er den Himmel um Milderung und Minderung der Gebrechen anruft, umsomehr steigt in ihm der Verdacht hoch, daß die heilige Maria in gottseligen Gefilden vielleicht auch der nach ihr benannten Maria (Theresia) in Wien beistehen könnte, der widerstandswilligen und -fähigen Habsburgerin, deren Körper und Geist herrlich gebildet und deren Heerscharen von diesen Eigenschaften gefangen sind.

Die Waffen dieser Frau und die ihrer Krieger bilden für Karl Albrecht ein infernalisches Szenarium, eine Apokalypse hier und heute. Aber noch fühlt er sich als Herrscher von Gottes Gnaden und beschwört im Bartholomäus-Dom der Reichsstadt Frankfurt die Wahlkapitulation mit der Schwurhand über dem Evangelium. Auf die Finger schauen ihm dabei die Kurfürsten und Erzbischöfe von Mainz und Köln, zwei Wittelsbacher. Reichsgeschichte so richtig weißblau!

Das Paradies eben! Und somit logischerweise vorsintflutlich. Nur der Bayer merkt und spürt es nicht. Wie soll er auch? Pauken und Trompeten erfüllen den hohen Sakralraum, das Te Deum gesellt sich dazu, an den Stadtwällen werden Kanonen gelöst, alle Glocken der Metropole läuten. So betritt Karl Albrecht ein zweitesmal den Prunkwagen, der heute eine Zierde des Marstallmuseums in Nymphenburg ist und wie nur wenige deutsche Exponate an den Wahnsinn des Gottes-Gnadentums erinnert.

Ein weiteres: Nie in der deutschen Geschichte sind Pracht und Ohnmacht so dicht beieinander wie jetzt im famos herausgeputzten Frankfurt. Aber noch ist am Main der Wittelsbacher von der Isar nicht wahrer Imperator. Die feierliche Krönung zum Nachfolger des ersten römischen Kaisers Augustus und Karls des Großen soll erst später erfolgen.

Allerhöchste Würden – abgrundtiefes Desaster. Karl VII. nach seiner Krönung. Kupferstich von C.H. Müller, 1742.

105

»Keine Krönung war glänzender«
1742

Am 12. Februar besetzt Karl Albrecht in Frankfurt den Thron Karls des Großen und der legendäre »Husarenmenzel« die Münchner Residenz

Ein eigenes Kapitel ist natürlich die Krönung selbst. Am Tag der heiligen Jungfrau und Märtyrerin Eulalia des Jahres 1742 verkündet in Frankfurt alles, was laut sein kann, von den Kirchenglocken bis zu den Kriegskanonen: Das Reich hat ein neues Oberhaupt – Karl VII.

Wie schon kurz gestreift: Der Mann ohne gesunden Menschenverstand ist auch sonst krank. »Der anbrechende Morgen sah mich auf meinem Lager«, schreibt er in sein Tagebuch und fährt fort: »Leiden des Körpers und des Geistes stürmten grausam auf mich ein. Dennoch beschworen mich meine Freunde und alle, die mir aufrichtig zugetan waren, die Zeremonie nicht länger aufzuschieben, da meine Feinde daraus Kapital schlagen möchten. Man wies darauf hin, daß, solange ich nicht gekrönt wäre, meine Wahl beanstandet und bemängelt werden könnte, sei ja doch durch das Unglück in Bayern die ganze Lage von Grund aus geändert. Ich konnte in der Tat nicht daran zweifeln, daß viele diesen Wechsel gern ausnützen möchten, daß ich in Wahrheit erst nach der Krönung als Kaiser anzusehen wäre. So mußte ich denn die Schwäche des Körpers zu überwinden und die seelische Aufregung zu meistern suchen.«

Während der neue Imperator seine Kräfte sammelt, werden die Reichskleinodien von einer Deputation der traditionellen Krönungsstadt Aachen und die Reichsinsignien von einer Nürnberger Delegation zum Frankfurter Dom gebracht, wo sie der Kölner Kurfürst Clemens August in Empfang nimmt. Er ist ausersehen, den Bruder zu krönen.

In seinem Palais auf der Zeil wird indessen Karl VII. für den Zug zur Kathedrale hergerichtet. Und so reitet »Ihro Römisch-Kayserliche Majestät in Dero roth-sammetnen mit Hermelin ausgeschlagenen Chur-Habit und Chur-Hut auf dem Haupt, auf einem unvergleichlichen Isabellen, welcher mit einer blau sammetnen über und über mit Silber gestickten Walltrappe« geschmückt ist, zur Kirche, wo man eine halbe Stunde vor Mittag eintrifft.

Dort findet dann ein Wechsel der Insignien statt. Zum Zeichen dafür, daß ihm jetzt das Habsburger Erbland gehöre, läßt sich nunmehr der Wittelsbacher die böhmische Königskrone aufsetzen und den erzherzoglichen Mantel umlegen. Damit dokumentiert er »seine Ansprüche auf diese Länder« (Ludwig Hüttl). Just zu diesem Zeit-

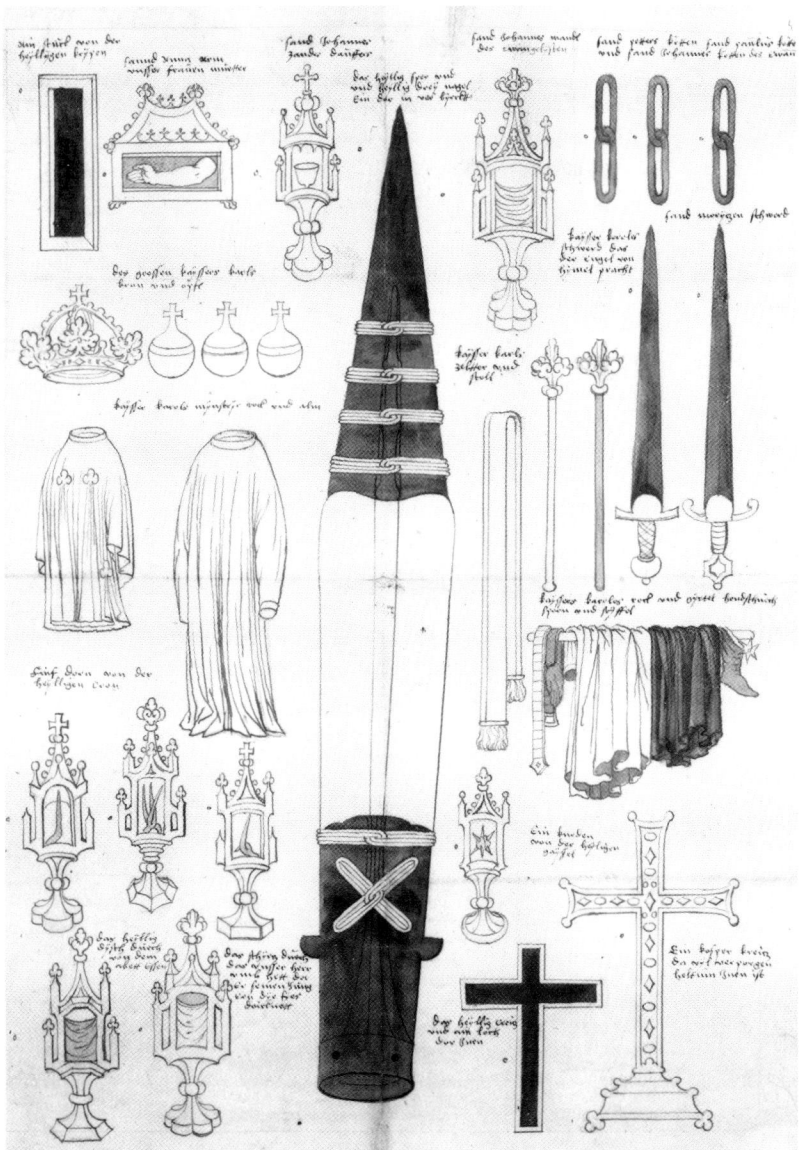

Endlich im Besitz von Wittelsbach: Die Reichsinsignien von Nürnberg. Schon Herzog Wilhelm V. wollte sie um 1584 aus dem Nürnberger Heilig-Geist-Spital rauben lassen, was mißglückte. Zu dem Schatz gehören unter anderem die Königskrone, Schwerter Karls des Großen, Reichsäpfel und viele Reliquien. Skizze im Bayerischen Hauptstaatsarchiv München.

punkt fällt ein Bügel aus dem Corpus und zu Boden. Welches Unglück und Mißgeschick, wie abergläubische Zeitgenossen seufzen!

Nunmehr ist vielleicht auf den Straßen etwas los. Man versteht sein eigenes Wort nicht. Ein französischer Chronist hat den Eindruck, jetzt beginne man mit dem eigentlichen Turmbau von Babel. Zum Festzug sammeln sich 60 Reichsfürsten. »Man hätte gern hundert Augen und hundert Ohren gehabt, um alle Festfreuden in sich aufzunehmen«, lesen wir in einer Chronik.

Im Dom folgt Gebet auf Gebet. Wieder setzt Karl VII. seine Hand auf die Evangelien Gottes und schwört, Kirche und Reich zu schützen, gerecht gegen jedermann zu sein. Dann erhält er den Säbel Karls des Großen, das Reichsszepter und den Krönungsmantel. Schließlich der Höhepunkt: Clemens August setzt dem Bruder die Kaiserkrone auf das Haupt.

In dieser Ausstattung schreitet Karl VII. vom Dom zum Römerberg. Alles verläuft nach einem uralten Ritual. Während man das

Schon früh läßt sich Karl Albrecht mit Kaiser Karl dem Großen auf eine Ebene stellen. Welten jedoch trennen beide. Kupferstich von Hieronymus Sperling.

Krönungsmahl genießt, wird Hartgeld in großen Mengen unter das Volk geworfen, ein Ochse gebraten und Wein ausgeschenkt. Um 7 Uhr abends tritt Karl VII. ins Freie und in seinen Goldwagen. Die Krone bleibt auf seinem Kopf. Noch Goethe soll erzählen, welch großen Eindruck der Wittelsbacher auf die Menschen macht, vor allem auf die Frauen.

Und was sagt der gekrönte Hauptdarsteller selbst? Wir lesen in seinem Tagebuch: »Alles ist darüber einig, daß keine Krönung jemals herrlicher und glänzender war als die meine. Der Luxus und die Verschwendung, die sich an allem und jedem kundgaben, überstiegen alle Vorstellung. So konnte ich wähnen, den höchsten Gipfel menschlicher Größe erklommen zu haben, mußte aber unwillkürlich der allmächtigen Hand Gottes gedenken, der zur selben Zeit, da er uns so hochsteigen ließ, gar dringlich daran erinnerte, daß wir nur seine Geschöpfe sind und stets im Augen halten müssen: Wir sind nur Menschen.«

Und zum Schluß die Erkenntnis: »Nie fühlte ich so tief, daß ich nur ein schwacher Mensch, ja mehr als andere all den Gebrechen unterworfen bin, welche eine Welt in sich birgt, die scheinbar mir unterworfen ist.«

Exakt in jener Stunde, in der Karl VII. erstmals die Kaiserkrone trägt, stehen die Österreicher vor dem Münchner Isartor. Befehlshaber Johann Menzel (44) hat mit seiner schwachen Schar ein leichtes Spiel. In der Stadt prangen zwar die Paläste der Mätressen und Minister, die vor Gold und Geld überfließenden Klöster und Kirchen, die Schätze der Residenz und Max-Burg, doch die Stadtmauern gleichen mehr den morschen Bretterzäunen der Bauernhäuser als einer Fortifikation.

Bürgermeister Benno Reindl nimmt man sofort in Geiselhaft. Und was er jetzt berichtet, entspricht den Schilderungen der Hölle, wie sie die Mönche Tag für Tag von den Kanzeln donnern. Zunächst müssen er und andere Repräsentanten der Bayernmetropole »die Statt Schlüssl dem herrn Obrist Menzl auf einer Silbernen Taza praesentiren«. Die Husaren mit ihren finsteren Blicken und langen Schnurrbärten, mit ihren neuen Waffen und Hunger nach jungen Frauen lassen keine andere Wahl.

In München dabei auch Graf Ludwig von Khevenhüller (58), der österreichische Feldmarschall, der mit relativ bescheidenen Mitteln seiner Herrin Maria Theresia aus ihrem Elend half und mit einem Siegeszug ohnegleichen das Haus Habsburg vor dem Untergang rettete. In seinem Bericht lesen wir die ganzen Greuel, zu denen jetzt die Horden aus dem Osten fähig sind.

In Frankfurt der Luxus auf allen Gebieten, in München die fürchterlichen Verbrechen. Doch hören wir dem Augenzeugen Khevenhüller zu: »Die Freikorps übten vielfältig Mordbrennerei aus bloßer Lust. Sie haben Unschuldige nach Belieben an die Stadttore oder an die nächsten Bäume gehangen, Kirchen beraubt und heilige Gefäße verunreinigt, zertrümmert und Gold und Silber und Edelsteine der Kirchen an Juden verschachert – sie haben die Bauern der bayerischen Landfahnen mit abgeschnittenen Nasen und Ohren nach Hause geschickt, ehrbaren Frauen und Mädchen auf dem Rücken der gebundenen Hausväter Gewalt angetan und alsdann noch in die Flammen geschleudert, Säuglinge aufgespießt und den Hunden vorgeworfen.«

Dazu eine katastrophale politische Situation in Deutschland! Eine der vielen Fragen lautet: Zu wem soll man halten? Zu dem in einer eindeutigen Wahl zum Kaiser erhobenen Karl oder zu den militärisch haushoch überlegenen Österreichern der Maria Theresia? Der Sieger wird dem falschen Parteigänger kaum verzeihen, nicht auf seiner Seite gestanden zu haben.

So erleben wir die komischsten Situationen. In Kempten beispielsweise läßt akkurat 1742 der Fürstabt Anselm von Reichlin-Meldegg seine Residenz ausmalen. Engagiert hat er dazu seinen Hofmaler Franz Georg Hermann, der zusammen mit Cosmas Damian Asam und Nikolaus Stuber in Rom lernte.

Natürlich will der Hausherr, dessen Territorium 4400 Quadratkilometer groß ist und der über 42 000 Untertanen gebietet, neben dem neuen Imperator glänzen, andererseits aber im Falle seines raschen Abgangs eine Entschuldigung parat haben.

Eine absurde Barockintrige des eitlen Abtes, der einen imaginären Festzug auf dem Plafond anführt! Rechts von ihm Politik-Göttin Minerva, die mit Tierfell am Arm in ihrer Eigenschaft als Schutzherrin der Landwirtschaft (wovon das Stift lebt) einherschreitet. Links vom Abt die beiden kaiserlichen Brüder Johann Theodor (außen) und Clemens August. Abgesehen vom prahlerischen Auftritt Reichlin-Meldeggs kann man an diesem geistlichen Trio nichts aussetzen. Im Reich betrachtet sich nun mal die Kirchenhierarchie als das wahre Geschenk des Himmels.

Hinter der hohen Geistlichkeit schreitet Karl VII. in seiner mit Kaiserpurpur unterlegten Aura. Neben ihm Gattin Amalie und Kurprinz Max Joseph. Protokollarisch eine Frechheit, nein eine Majestätsbeleidigung. Der Imperator hinter einem aufgeblasenen Fürstabt. Das wird Österreich gefallen! Aber aufgepaßt: Das Kaisertrio namens Wittelsbach füllt andererseits seinen Platz als Zentrum des Umzuges so splendid aus, daß man geradezu von einer Huldigung sprechen könnte.

Freilich dahinter erscheint nicht die übliche und übrige Schar der Kurfürsten, sondern der inzwischen zum Reichsvizekanzler aufgestiegene Graf Königsfeld. Er ist gerade krank, deshalb der Stock, auf den er sich stützt. Neben ihm seine Frau und beider Sohn, die Nackedeis von Alteglofsheim. Dem Parvenü folgt Graf Maximilian von Preysing, ebenso wie Königsfeld im blauen Rock. Vergleicht man seine Physiognomie mit der im Münchner Palais Preysing, so entfällt jeder Zweifel an unserer Personalbestimmung.

Über diesem Aufzug eine himmlische Frau, vor der ein Putto mit aufgeschlagenem Buch sitzt. Wir lesen: »Diligite iustitiam« (= schätzt die Gerechtigkeit). Eskortiert sind beide Gestalten von einer Allegorie

Glanzvoller Auftritt Karls VII. im Fürststift Kempten. Der Kaiser mit Szepter, neben ihm Amalie und Sohn Max Joseph, dahinter Graf Königsfeld (der Reichsvizekanzler) mit Stock und Familie und Graf Preysing. Gemälde in der Residenz Kempten von Franz Georg Hermann, 1742.

des Krieges und einer des Friedens. Die Himmelsdame, so hat man den Eindruck, wendet sich von der mit Friedenspalme und Füllhorn auftretenden Schönheit ab und der Person mit Helm und Schwert zu. Sollte Österreich obsiegen, so kann Reichlin-Meldegg den hehren Auftritt in seiner Residenz plausibel so interpretieren: Die Gerechtigkeit zeigt 1742 ihr Gesicht dem nunmehr kriegführenden Habsburg. So gesehen eine realpolitische Schau!

Frankfurt: Ein Kaiser unter Bettlern

1742/43

Während Goethes Mutter vom Kaiser schwärmt, lebt dieser von der Unterstützung des Generalpostmeisters Alexander Ferdinand von Thurn und Taxis

In Frankfurt wird indes so getan, als gebiete der reichste und einflußreichste Herr über das riesige Reich. Am 8. März 1742 krönt Clemens August von Köln seine Schwägerin, die Wiener Kaisertochter Amalie, im Bartholomäus-Dom zur (regierenden) Kaiserin. Sie trägt ein »kostbares Kleide von silbernem Stück mit goldenen und andern farbigen Blumen«. Natürlich ist ihr Ehemann dabei.

EineWoche später laden Rat und Bürgerschaft Frankfurts das Kaiserpaar auf den Römerberg. Karl benützt noch einmal den Krönungswagen. Nach dem traditionellen Huldigungseid bricht ein dreifaches Vivat auf die hohen Gäste aus. Besonders gern hören natürlich die Frankfurter, daß ihre Stadt neue Reichsmetropole werden soll. An München kann man nicht denken, dort haust ja Habsburg.

Und was tut der Kaiser so den lieben langen Tag in seiner neuen Residenzstadt? An eine wirkliche Regierung kann er nicht annähernd denken. Und so pilgert er in die nicht wenigen Kirchen und betet um die Erlösung von seinen Gebrechen und vor allem von den Österreichern.

Während des anhaltenden Erbfolgekrieges herrscht wenigstens im Hause Wittelsbach der Ehefriede. Vorbei das Hofieren und Verführen der jungen Komtessen und ihrer Zofen! Man sieht Karl Albrecht ungewöhnlich häufig mit Amalie. Und diese verbringt jetzt – 20 Jahre nach der Hochzeit – trotz der schweren Krankheit ihres Mannes die glücklichsten Jahre ihrer Ehe. Freilich, die Erinnerung holt sie auch hier ein, so wenn ihr Mann den Benedikt Heinrich von Morawitzky in den Grafenstand erhöht, jenen Mann, der einmal bereitwillig seine zwei Töchter Charlotte und Maria Josepha den kurfürstlichen Gelüsten aussetzte.

In Frankfurt streunert in diesen Tagen ein elfjähriges Mädchen namens Catharina Elisabeth Textor umher und verfolgt das kaiserliche Paar. Am 23. März 1742 ist es den Majestäten besonders nahe. Das Kind schreibt: »Beide hatten Lichter in der Hand, die sie gesenkt trugen, die Schleppen der Kleider wurden von schwarz gekleideten Pagen nachgetragen. Himmel, was hatte der Mann für Augen; sehr melancholisch, etwas gesenkte Augenwimpern; ich verließ ihn nicht, folgte ihm in alle Kirchen, überall kniete er auf der letzten Bank unter den Bettlern und legte sein Haupt eine Weile in die Hände; wenn er

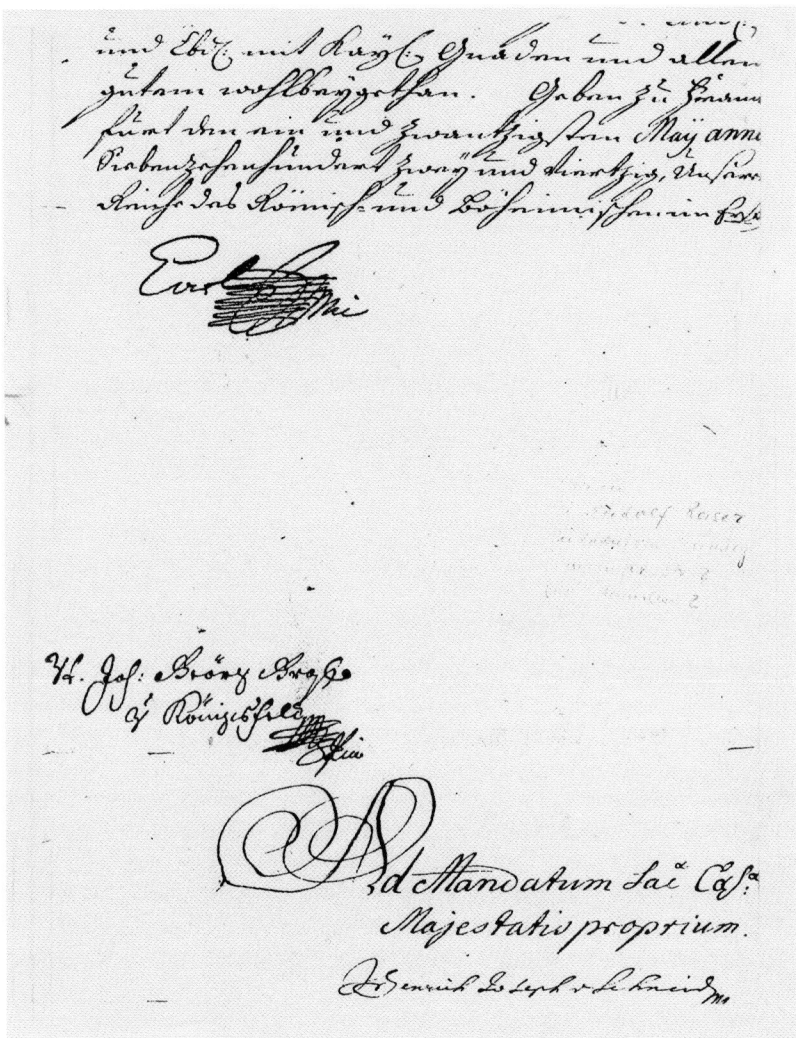

Original-Unterschrift des Kaisers auf einem Schreiben vom 20. Mai 1742. Darunter zeichnet Reichsvizekanzler Königsfeld und ganz unten der aus Mainz kommende und nunmehrige kaiserliche Hofrat Heinrich Joseph von Schneidt. München, Bayerisches Hauptstaatsarchiv.

wieder emporsah, war es mir allemal wie ein Donnerschlag in der Brust.«

An dieser Stelle kurz die Mitteilung, daß dieses sprachgewandte Mädchen sieben Jahre später Goethes Mutter werden soll. Doch hören wir ihm weiter zu: »Da ich nach Hause kam, war meine alte Lebensweise weg. Es war mir, als sei etwas Großes vorgegangen. Wenn man von ihm sprach, da zitterte ich wie Espenlaub, am Abend legte ich mich auf die Knie und hielt meinen Kopf in den Händen, ohne etwas anderes dabei zu empfinden, als wenn ein großes Tor in meiner Brust geöffnet wär. Da er einmal offene Tafel hielt, drängte ich mich durch die Wachen und kam in den Saal anstatt auf die Galerie, es wurde in die Trompeten gestoßen, bei dem dritten Stoß erschien er in einem roten Mantel, den ihm zwei Kammerherren abnahmen; er ging langsam mit gebeugtem Haupt. Ich war ihm ganz nah und dachte an nichts, noch daß ich auf dem unrechten Platze wäre; seine Gesundheit wurde von allen anwesenden großen Herren getrunken, und die Trompeten schmetterten dazu, da jauchzte ich laut mit; der Kaiser sah mich an und nickte mir zu.«

Wie bizarr, welches Paradoxon in unserer langen und bangen Geschichte: Hier der erbärmlichste und wahrscheinlich unwürdigste deutsche König aller Zeiten, dort die fabel- und zauberhafte Mutter des strahlenden Dichterfürsten dereinst!

Den Glanz und seinen Schatten werden wir auch in Karls Diarium gewahr: »Mit Ausnahme des Tages meiner Wahl hat das ganze Jahr, dem so viel Bitteres vorherging und folgen wird, auch nicht einen glücklichen Augenblick gebracht. Dagegen konnte ich so recht die Unbeständigkeit des Glücks, der Freundschaft, der Größe, der Lebensfreude, kurz alles dessen erfassen, was die Welt scheinbar Glänzendes bietet, was aber in Wahrheit nur ein falscher, nichtiger Schimmer ist.«

Anschließend die bitterste aller Erkenntnisse, wenn er schreibt: »So stellte ich Narr des Glücks einen Kaiser vor und tat, als ob ich Frankfurt zu meiner Residenz erwählt hätte, weil es in der Mitte des Reichs liegt, in Wahrheit aber war ich ein Verbannter, der keine Heimat hatte, da mein Land vom Feind besetzt war.«

In seinem Höhenrausch und Sturzflug wird dem Münchner Kaiseradler also bewußt, daß er ohne einen Schloßflügel ist, dazu lahm und krank. Und so läßt er sich in Frankfurt vom wahrscheinlich reichsten Mann Deutschlands aushalten – vom Erbgeneral-Postmeister Alexander Ferdinand von Thurn und Taxis (38). Dieser residiert seit knapp drei Jahren in seinem Palast an der vornehmen Eschenheimer Gasse. Ein Prachtbau mit über 140 Sälen und einer Ausstattung, die Könige und Kurfürsten erblassen lassen kann.

Zum Ärger der Reichsstadt Frankfurt übt der Fürst dort über 50 Beamte, die aus Karls

Fürst Alexander Ferdinand von Thurn und Taxis. Ohne ihn hätten die Wittelsbacher in Frankfurt keine Überlebenschance. Der Kaiser ernennt ihn dafür zu seinem Vertreter auf dem Immerwährenden Reichstag. Gemälde von Peter Brandl.

Geburtsstadt Brüssel stammen, die Gerichtsbarkeit aus. 160 Diener und ein eigenes Orchester sorgen für Freuden aller Art. Im Marstall stehen 80 Pferde. Da ist natürlich auch für einen Kaiser noch etwas Platz und Geld da.

Wer durch die Verschickung von Briefen so wohlhabend geworden ist wie der Fürst von Thurn und Taxis, hat natürlich auch ein politisches Sendungsbewußtsein. Und so läßt er sich von seinem Kostgänger Karl zu dessen Vertreter (Prinzipalkommissar) auf dem Reichstag, der von Regensburg nach Frankfurt verlegt werden soll, ernennen. Im Gegenzug erhält der Imperator sozusagen die verbriefte Zusage, daß kaiserfeindliche Zeitungen nicht mehr durch die Post befördert werden.

Aber nicht nur der Kaiser weilt als Gast oft im Taxis-Palais an der Eschenheimer Gasse, auch Bischof Johann Theodor. Das Vergnügen, seinen »geliebtisten herrn bruedern alß kayser crönen zu sehen«, kostet ihn über über 5000 Gulden. Wie schmerzt es ihn deswegen, daß Karl dem Bruderherz die kalte Schulter zeigt. Nicht ein einzigesmal wird Johann Theodor an die kaiserliche Tafel gebeten. Aber der Bischof kann sich trösten. Er ist noch voll bei Kräften und seiner Mätresse, der Gräfin Sedlnitzki.

Im Jahr 1743 trifft den Kaiser ein Schicksalsschlag nach dem anderen. Die Österreicher rücken immer näher gegen Frankfurt vor. Jetzt muß die Flucht organisiert werden. Aber wohin soll man? Vielleicht gar nach Frankreich! Das wäre ja die Höhe!

Gleichzeitig, so schreibt der »Kaiser ohne Land«, schlägt ihn »die Hand Gottes an empfindlichster Stelle« und völlig unvorhergesehen. Doch hören wir ihm zu: »Inmitten aller Drangsal und Betrübnis war mir ein Trost geblieben: Ich sah, daß meine teuren Kinder wie an Alter so an Anmut zunahmen.« Dann kommt er auf die 17jährige Theresia Benedikta zu sprechen: »Meinem väterlichen Stolze schmeichelte es, daß insbesondere meine zweitälteste Tochter die Augen aller Welt auf sich zog.«

Aber o Unglück, das Mädchen stirbt am 29. März 1743 an den Blattern. Des Kaisers Jammer: »Die Worte fehlen mir zu schildern, in welche Aufregung mich dieses Mißgeschick stürzte. Mein Schmerz, mein Gram waren unsäglich; alles andere Unglück hatte mich nicht zu beugen vermocht, aber diesem Herzeleid konnte ich nicht standhalten.«

Der »Jungfraw-Krantz« Ingolstadts fällt

1743/44

Als einzig und allein noch die Festung Rothenberg in bayerischer Hand ist, ermöglicht Friedrich II. durch seinen Böhmenfeldzug die Heimkehr des Kaisers

Schwer büßen müssen die Kurbayern, wie schon kurz erwähnt, von Anfang an den Überfall ihres Landesherrn auf Österreich und Böhmen. Feldmarschall Khevenhüller quartiert sich in München zunächst »mit einer Grossen Suite« im Palais Berchem (heute Teil des Kultusministeriums) ein. Kurz darauf erscheint bei ihm der gefürchtete Panduren-Oberst Franz von der Trenck (31), ein gebürtiger Italiener (aus Reggio di Calabria), um dann »mit ihrer Tyrckhischen Musique« durch die Stadt zu marschieren, wie sich Bürgermeister Reindl ausdrückt.

Nach einer kurzen Verschnaufpause stecken im Mai 1742 die Panduren und Kroaten (seitdem *Pandur* und *Krawat* Schimpfwörter) im Lehel »selbes an villen orthen zugleich in Prandt« (Reindl). Zahlreiche Menschen, selbst Kleinkinder, werden »Lebendtig ins feur geworffen, einige Lebendtig mit hendt und Füessen an die Haußtüren genaglet und erschossen, und in Summa ärger als Barbaren gehauset«.

Ende Mai läßt Trenck in der Gegend von Tölz mehrere hundert Bauern hinrichten und umliegende Dörfer in Feuer aufgehen. In den Kirchen werden die Tabernakel aufgebrochen und geschändet. Als der Kaiser davon erfährt, sucht er bei jedem die Schuld, nur nicht bei sich. Majestätisch sind somit in Bayern nur noch die Berge.

Das weißblaue Heer hat den Eindringlingen fast nichts entgegenzusetzen. Kriegstreiber Ignaz von Törring kämpft seit seiner Niederlage bei Mainburg im Februar nur noch mit Worthülsen. Damals höhnte man über ihn: Er gleicht einer Trommel; man hört lediglich von ihm, wenn er geschlagen wird. Mitte des Jahres können sich nur noch wenige Städte halten, darunter Landsberg, Straubing und Ingolstadt.

Heldenhaft verteidigen die Straubinger ihre Stadt. In ihren Reihen sind allerdings auch die besten Strategen. Kommandant ist Oberst von Wolfswiesen, das Freiwilligenkorps führt der frühere Gerichtsdiener Johann Michael Gschray. Bei ihm der spätere große spanische Oberst Johann Kaspar Thürriegel und der Student Nikolaus Luckner aus Cham, der spätere Marschall der Franzosen, dem man die *Marseillaise* widmet.

Da trifft es dafür Cham und Viechtach umso härter. Khevenhüller

Einer der brutalsten Verbrecher des 18. Jahrhunderts wird auf Bayern los-gelassen: Franz von der Trenck. Unsig-niertes Portrait. Antiquariat Salz-burg.

117

erhält am 14. September 1742 die Weisung, nach Böhmen zu marschieren. Um die Verbindung München-Prag zu sichern, beauftragt er Trenck, beide Bayerwaldstädte zu zerstören. Im *Chur-Bayrisch-Geistlichen-Calender* von 1752 lesen wir: »Den letzten Abdruck aber hat in letzern Krieg Anno 1742 das unmenschliche Verfahren des Königlich-Ungarischen Obrist Baron Trenck gegeben, dis noch in die spate Jahr die leydige Gedenck-Zeichen der Stadt geben werden.«

Und Karl VII. klagt: »Das Städtchen Cham im Bayerischen Wald hatte sich bisher tapfer verteidigt, endlich erlag es und wurde gänzlich eingeäschert, ein Teil der Bürgerschaft fand dabei den Tod.« In die Trauer des Kaisers mischt sich aber auch Wut, so wenn er über die Franzosen schimpft, auf die er sich entgegen aller Warnungen Unertls so verlassen hat. Jetzt schimpft er: »Nie spielte eine große Nation eine kläglichere Rolle.«

Daraufhin erklärt er seine Außenpolitik: »Dieser schändliche Verrat, dieses abscheuliche Betragen Frankreichs haben mir endlich die Augen geöffnet.« Und so fühlt er sich getrieben, mit England, dem Erb- und Erzfeind der Franzosen, Verhandlungen aufzunehmen.

Indes hören wir von vielen diplomatischen Aktivitäten. Karl VII. glaubt, England vermittle zwischen ihm und Maria Theresia. Doch seine Forderungen sind maßlos: Rückgabe Bayerns, Erwerb Egers, Tirols bis Kufstein und des Landes ob der Enns und die Erhebung Bayerns zum Königreich.

Plötzlich kommt Bewegung in die bayerisch-französische Allianz. Fleury stirbt am 29. Januar 1743 bei Paris, da taucht Belle-Isle in Frankfurt beim Kaiser auf. Und schon sind Millionen von Gulden für die Armee da. Das Blatt scheint sich zu wenden. Am 19. April kann der Imperator in seine Residenzstadt München einziehen.

Das ruft nun wieder Khevenhüller auf das Schlachtfeld. Er schlägt am 9. Mai die Bayern unter Graf Minucci bei Simbach. Und was machen die verbündeten Franzosen? Sie weichen vor den Österreichern kampflos zurück. So trennt sich Karl VII. rasch von München und den Franzosen.

Wir sehen ihn nun kurz in Augsburg, wo er im Fugger-Haus mit allen Ehren empfangen wird. Dann reist er wieder nach Frankfurt. Dort ist er so arm, daß er von Ehrengaben und den Speisen und Getränken, die ihm die Bürger schenken, leben muß. Die Meldungen, die ihm seine Boten servieren, geben ihm aber den Rest.

Im Kurland passiert nämlich das unerhörte. Die als uneinnehmbar geltende Festung Ingolstadt fällt. Wie feierten in der Vergangenheit Kommandanten und Kanzelredner diese Stadt, der »noch zu keiner Zeit ihr Jungfraw-Krantz von dem blutdurstigen Mars abgedantzet worden«, wie sich der Prediger Jacobo Schmid 1679 ausdrückt.

Der Kommentar des Wittelsbachers über diese Kapitulation: »Hat das arme Bayern vollends vernichtet, das ganze Land war von Truppen überschwemmt, die Einwohner zwang man, zuerst den Treueid zu schwören, um sie in Sicherheit zu wiegen, dann wurden sie mit einer unter christlichen Völkern unerhörten Unmenschlichkeit behandelt. Die Armeen nahmen hier Winterquartier und belasteten das Volk durch Brandschatzungen und andere Abgaben so übermäßig, daß sich viele genötigt sahen, ihre Häuser zu verlassen und ihr Heil in der Flucht zu suchen. Welch ein betrübliches Schauspiel für mich, der ich Kaiser genannt bin, aber untätig zuschauen muß, wie mein Land unter entsetzlichem Unglück erdrückt wird, ohne Hilfe bringen zu können.«

Am Ende des Jahres 1743 steht schließlich ganz Bayern mit Ausnahme von Rothenberg unter österreichischer Herrschaft. Hätte man sich bloß um alle Festungen Kurbayerns so wie um sie gekümmert und die besten Baumeister dazu beschäftigt! In Rothenberg, fast auf halber Strecke zwischen Sulzbach und Nürnberg, arbeitet Joseph Wolf aus dem bayerischen Stadtamthof. Von ihm stammen unter anderem die Kirchtürme von Aldersbach und Amberg

Dank Friedrich dem Großen kann Karl VII. nach München zurückkehren. Gemälde von G. Glüme.

(St. Martin), er war bei den Bauten in Weltenburg, Prüfening und Fürstenzell dabei und wußte, wie man schwere Wälle anlegt. Die Österreicher bekamen das in Erfahrung und verfolgten ihn. Aber sie erwischten ihn nicht.

Schlimmste Befürchtungen kommen auch nach dem 5. April 1744 auf. An diesem Tag stirbt in Kaufbeuren die Franziskanerin Kreszentia Höß. *Orakel des katholischen Deutschland* nennt man sie. Und oft wurde sie nach der Zukunft gefragt. Bis zum Schluß stand sie mit Clemens August im Briefwechsel. Dieser hat sie einmal gebeten, in den Himmel zu schauen und nachzusehen, ob einer seiner Freunde dort angekommen sei.

Illusionen sind ja schön. Aber diese Welt der ausufernden Phantasien? Daß in ihr Karl VII. auch jetzt noch lebt, zeigt ein Briefwechsel mit dem in Augsburg arbeitenden Maler Gottfried Bernhard Göz (35). Dieser sucht eines Tages um den Titel eines *Kaiserlichen Hofmalers und -kupferstechers* nach. Die Anrede: »Allerdurchlauchtigster-Großmächtigster und unüberwindlichster Römischer Kayser«. Der so Angesprochene sagt zu und schreibt am 10. April 1744 nach Augsburg, alle Kurfürsten, Fürsten, Fürstbischöfe und Reichsstädte hätten den Titel und die daraus abgeleiteten Privilegien zu respektieren. »Bey Vermeidung Unserer kayserlichen Ungnad und Straffe, das meynen Wir ernstlich.«

Als wenn Maria Theresia und ihre Soldaten seine »Ungnad« fürchten müßten. Oder gar Friedrich der Große, der stärkste Reichsfürst. Dieser marschiert denn auch im Sommer 1744 mit 80 000 Mann in Böhmen ein und nimmt Prag. Kann ein Reich zerrütteter sein? Jetzt braucht Maria Theresia jeden Soldaten gegen den Preußen. Das hat zur Folge: Kaiser Karl VII. kann am 23. Oktober abermals in München einziehen.

Das erste Dankgebet verrichtet er vor der Mariensäule. Natürlich ein symbolischer Akt. Das Denkmal wird als Siegessäule à la Maria de Victoria angesehen. Karl glaubt nach wie vor an die Niederlage Maria Theresias, hat er doch laut eigener Überzeugung das Recht auf Österreich. Dann geht es im bewaffneten Gefolge der wenig verbliebenen Soldaten in der Bayern-Armee ab in die Residenz.

Und hier zwischen dem roten Damast der Reichen Zimmer und der Grünen Galerie vollendet er seine Notizen. Wir lesen: »Der Einzug in meine Hauptstadt war ebenso ergreifend für mich wie für das Volk, das scharenweise herbeigeströmt war. Vor Weinen konnten die guten Leute kaum die Stimme gebrauchen.« Dann die ungeheuerliche Behauptung: »Das herrliche Schauspiel einer siegreichen Armee, die aus unwürdigem Feindesjoch Befreiung brachte, die Genugtuung darüber, daß an der Spitze dieser Retter, ihr Herr, heimgekommen war, die traurige Erinnerung an die Vergangenheit, die Freude an der Gegenwart wirkten betäubend auf sie ein, so daß sie nur durch Tränen in den Augen mir ihre treue Anhänglichkeit kundgeben konnten.«

Wenn das alles so stimmt, der Jubel also so groß war, dann versteht man die Leute wirklich nicht mehr. Und auch beim Schlußsatz des Heimgekehrten greift man sich an den Kopf. Ja, hätte er nur früher so gedacht. Jetzt nach der Katastrophe mit vielen tausend Toten, Hingerichteten, Verstümmelten, Witwen und Waisen, niedergebrannten Orten und der bitteren Armut so zu reden, verschlägt es einem glatt die Stimme.

Karl schreibt: »Auch mein Herz war erfüllt von Liebe zu meinem Volk, war tief erschüttert durch jene Empfindungen, die in so denkwürdigem Augenblick einem wohlgesonnenen Fürsten nahe treten müssen, kaum konnte ich mich enthalten, mit meinen Getreuen zu weinen.« Nicht das geringste Schuldbekenntnis also, nicht die geringste Einsicht in die fürchterlichen Zusammenhänge!

Ende Karls – Neubeginn in Bayern

1745

Nach seinem Tod am 20. Januar 1745 verklären die Katholiken den Wittelsbacher als Herrn des »strengen Fastens« und als »Großmächtigsten Kayser«

Trotz seiner Ver- und Gebrechen gibt die kranke Majestät immer noch nicht auf. Im Gegenteil, sie plant, an der Spitze der bayerisch-französischen Truppen abermals in Österreich einzumarschieren. Zum Glück für Bayern spielen diesmal die Franzosen von Anfang an nicht mit. Und da die Preußen das Kurland Böhmen wieder räumen müssen, platzt der Wahnsinn schon sehr schnell.

In seiner Not bittet nunmehr der Kaiser den Bamberger und Würzburger Fürstbischof Karl Friedrich von Schönborn um Vermittlung. Diese diplomatische Variante hätte man sich wahrlich früher gewünscht.

Kaum sind die Kuriere gestartet, kommt zu dem frostigen politischen Klima noch eine Erkältung des Kaisers. Die Ärzte raten ihm, das Bett zu hüten. »Doch war der Herr von solcher Art«, schreibt Johann Jakob Moser, »daß sein Wille ohne Widerspruch aufs strengste erfüllt werden mußte.« Am 18. Januar 1745 ist sein Zustand so bedenklich, daß ihm die Sterbesakramente erteilt werden.

Dann läßt man Amalie vor. Welch eine Szene! Vor 22 Jahren sah er in ihrem Gesicht die Fratze ihres Vaters, jetzt sieht sie in ein vom Tod gezeichnetes Gesicht. Die nunmehr 43jährige hatte es wirklich nicht schön in München, wurde von ihrem Gemahl belogen, geschlagen und betrogen. Die Amalienburg erinnert heute noch an sie. Und betrachtet man dieses phantastische Schlößchen in Nymphenburg, mag man nicht an ihr böses Los, ihre Qualen und Tränen glauben.

Nach Amalie tritt Kurprinz Max Joseph in das Sterbezimmer. Und jetzt verlassen ein letztesmal die alten verhängnisvollen Worte Karl Albrechts Mund. Der junge Mann wird ermahnt, so fährt Moser fort, »Treu und Glauben zu halten und nach dero Tode ja nicht von der Allianz mit Frankreich noch dem Frankfurter Verein abzutreten«.

Am 20. Januar 1745 stirbt Karl VII. im Alter von 47 Jahren, fünf Monaten und zwei Wochen. Und noch einmal setzt sich eine gigantische Vision in Szene. Die Sonne, so will man es gesehen haben, verfinstert sich so wie beim Tod Christi. Die Bestattung in der Münchner Theatinerkirche gleicht einem gespenstischen Spektakel. Karl VII. wird zu Grabe getragen – wie ein großer Herrscher und Heiliger. Die Lüge verläßt ihn also auch jetzt nicht.

Hofprediger Michael Hofreither setzt zu einer fulminanten Trauerpredigt an, die er überschreibt: »Der Heldenmüthige Christliche Kayser.« Und gleich am Anfang die Behauptung: »Er war nicht nur Herr, sondern auch Vater.« Stimmt, von sieben ehelichen und rund 60 unehelichen Kindern!

Dann lobt der fromme Kanzelmann des Kaisers »strenge Fasten, auch biß zum Scrupel, alle Feuer-Abend vor denen Marianischen Fest-Tägen«. Ja, am Lebensende sicherlich. Anschließend die Behauptung und Frage: »Er wollte auch sonst von der 40tägigen Fasten nicht dispensirt seyn. Und war es wohl eine leichte Sach, mitten unter den Schmertzen des Steins und Zipperleins, den heiligen Rosenkrantz täglich seinen Bedienten vorbeten?« Schließlich ein Satz zum Weinen: »Ach erhöre die Stimm unsers sterbenden Kaysers. Er wolle auch deßwegen gern sterben, wann sein Tod den lieben Frieden bringen sollte.«

Noch 1745 erscheint aus der Feder des bedeutenden Staatsrechtlers Johann Jakob Moser die erste Biographie Karls VII. München, Bayerische Staatsbibliothek.

Von der Kanzel aus verbreitet sich wie ein Lauf- und Leuchtfeuer ein unglaublicher Mythos über das gesamte Land. Bei der Lektüre der diversen Schriften, die aus den Klöstern kommen, glaubt man an eine nahe Heiligsprechung. So feiert der Wessobrunner Mönch Veremund Eisvogel (57) den Wittelsbacher als einen »Beschützer der Kirchen in Verehrung der Jungfräulichen Mutter Gottes«. Wir lesen darin vom »Großmächtigsten Kayser«. Wer Maria nicht verehre, sei ein Ketzer.

Nicht Karl Albrecht. Er habe beschlossen, »die Ehre diser Göttlichen Mutter zu allen Zeiten mit gantzen Kräfften zu befördern«. Die Stiftung des Georgi-Ritter-Ordens müsse man »ein ewiges Denckmahl seines Eyfers für die Ehre der Himmels-Königin« nennen.

Wie so ganz anders die für die Zeit so exzellente Biographie des oft zitierten Staatsrechtlers Johann Jakob Moser. Er hat den Kaiser gekannt und unmittelbar nach dessen Tod sein Buch vorgelegt (noch 1745 in Frankfurt/Leipzig erschienen). Natürlich erkennen wir sofort, daß er von einer höheren Warte aus (einer nichtbayerischen und -klerikalen) das Leben des Wittelsbachers betrachtet.

Vom ganzen Schwulst der Heimat trennt sich sofort der neue Kurfürst Max III. Joseph, der noch keine 18, aber ein überragender Geist ist. Er weiß in diesem seinen Alter, mit seinem Kurhut die Schmach Bayerns zu bedecken, muß aber andererseits zunächst einen teuren Frieden (in Füssen) schließen. Ihn umgeben exzellente Männer, von denen einige von dem ganzen Firlefanz um die heilige Maria, weil Protestanten, nichts wissen wollen. Noch während seines Reichsvikariats adelt er den bereits erwähnten Philosophen Christian Wolf.

1745 neuer Landesherr: Max III. Joseph, der gescheiteste und tüchtigste bayerische Kurfürst, einer der besten Wittelsbacher überhaupt. Anonymer Kupferstich. Antiquariat Wien.

Freilich, das Land gleicht einer Wüste. Es fehlt an Getreidesamen und Kapital. Nirgends Handel und Wandel! Über 40 Millionen Gulden Schulden, sagt man, lasten auf Kurbayern. Der Jahresverdienst von rund vier Millionen Knechten und Mägden (bei einer Gesamt-Einwohnerzahl von 1,2 Millionen Menschen). Gefährliche Krankheiten überziehen zudem das Land. Johann Jakob Pämer, Pfarrer in Fürholzen, schreibt: »Mit ainem Wort, was die lande zu Bayrn dermahl erlitten und noch de facto zu übertragen haben, ist von solcher beschaffenheit, das es villmehrers mit bluettigen Thrennen bewainet als mit ainiger feeder beschriben werden mag.«

Man könnte jetzt noch viel über die Mätressen Karl Albrechts, über seine illegitimen Kinder, ihre Feste und Paläste schreiben, vor allem über ihre unappetitlichen Eheverbindungen mit den Bastarden seiner Brüder, doch konzentrieren wir unser Augenmerk auf zwei Frauen.

Jüngste Tochter Karls VII.: Josepha Maria Antonia. Sie soll einmal Kaiserin werden (als Gemahlin Josephs II.). Kupferstich in der Österreichischen Nationalbibliothek Wien.

Karl Albrechts jüngste Tochter Josepha Maria Antonia, die am 30. März 1739 geboren wurde und eine wirkliche Schönheit ist, soll 20 Jahre später einen Sohn der Maria Theresia heiraten: den nachmaligen Kaiser Joseph II. Sie stirbt aber schon nach zwei Ehejahren in Wien.

Und zum Schluß noch einmal zu Amalie. Sie gründet 1749 das erste deutsche Exerzitienhaus direkt neben dem Bürgersaal in München. »Die höchstselige Kaiserin«, so schreibt Lorenz Westenrieder, »machte darinn öfters ihre Exercitien, wie dann auch ihr Zimmer und Liegerstatt noch zu sehen ist.« Die große Dulderin der bayerischen Geschichte stirbt am 11. September 1756 in München.

Die Trauerpredigt auf sie hält Philippo Nerio Luca. Wie falsch und verlogen ist seine Behauptung: »O von wem ist Sie wol so oft und so zart eingedenk gewesen, als von Ihrem geliebtesten Kayser Carl dem VII.« Und wie letztendlich richtig der folgenden Satz über die große Dulderin: »Sie kunte Seine Bildnissen nicht ansehen, ohne fast in eine Ohnmacht zu fallen: Seinen Namen nicht aussprechen hören, ohne Zäher zu vergiessen.«

Quellen und Literatur

Archivalien

Düsseldorf, Hauptstaatsarchiv
    Kurköln VI, 7 ff
München, Hauptstaatsarchiv
    Kasten schwarz 4676, 6475; A, Fürsten-sachen 748ff

Wien, Haus-, Hof- und Staatsarchiv
Prinzipal-Commission zu Regensburg,
    Relationen Fasz. 55ff; Berichte aus
    Regensburg, Österreichische Gesandtschaft

Gedruckte Quellen

Achttägige Begängnuß und Angedencken deß 17ten Saeculi (von St. Peter in München), München 1735

Balatri, Filippo: *Frutti del mondo*, München 1924

Berckenmeyer, P.L.: *Vermehrter curieuser Antiquarius*, Hamburg 1720

Bianconi, Giovanni Luigi: *Briefe über die vornehmsten Merkwürdigkeiten der churbaierischen Residenzstadt München und den umliegenden Lustgegenden*, München/Leipzig 1771

Bülow, Heinrich Wilhelm von: *Über Geschichte und Verfassung des gegenwärtigen Reichstages*, Regensburg 1792

Clemens von Burghausen: *Wald-Lerchlein*, Augsburg 1734

Dirrheim, Marquard: *Lob- und Leich-Predigt...*, Stadtamhof 1726

Eisvogel, Veremund: *Wessobrunnische Marianische Fama*, in: Bayerische Bibliothek 3, München 1990

Erhard, Kaspar: *Christliches Hand-Büchlein*, 1721

Etherege, George: *The Letterbook*, London/ Oxford 1928

Gerl, Peter: *Leichenpredigt auf Johann Baptist Kraus*, Regensburg 1762

Goethe, Catharina Elisabeth: *Briefe*, Leipzig 1904

Graf, Johannes Andreas: *Geistlicher Bien-Stock*, Augsburg 1711

Hofreither, Michael: *Der Heldenmüthige Christliche Kayser*, München 1745

Häckl, Nonnosus: *Theologischer Glaubens-Tugend - Catholische Grund-Regeln*, Regensburg 1724

Hofkalender = Churbayrischer Hof-Kalender, München 1727ff (Bayerische Staatsbibliothek München, Handschriftabteilung, Signatur Ce 25)

Hohberg, Wolfger: *Georgica Curiosa*, Nürnberg 1675

Hübner, Johann: *Kurtze Fragen Aus der Neuen und Alten Geographie*, Leipzig 1719

Joseph Clemens von Bayern: *Predigt am Fest des Erzengels Michael*, München 1715

Karl Albrecht von Bayern: *Das Tagebuch* (Herausgeber Karl Theodor Heigel), München 1883

Keyssler, Johann Georg: *Neueste Reisen durch Deutschland...*, Hannover 1751

Kurtzgefaßter Historischer Nachrichten 5. Stück, 1734

Luca, Philippo Nerio: *Leich- und Trost-Red Mariae Amaliae*, München 1757

Marianische Schiffahrt, Straubing 1720

Moser, Johann Jakob: *Geschichte und Thaten des Kaysers Carls des Siebenden*, Frankfurt/Leipzig 1745

Moser, Johann Jakob: *Lebensgeschichte*, o.O. 1768 (und 1777)

Moser, Johann Jakob: *Teutsches Staatsrecht*, Frankfurt/Leipzig 1737-1753

Moser, Johann Jakob: *Von denen Teutschen Reichs-Taegen*, Band 1, Frankfurt/Leipzig 1774

Oberhirtliche Verordnungen, Regensburg 1853

Pfälzisches Museum 1783/84, Mannheim 1784

Plümicke, Carl Martin: *Briefe auf meiner Reise durch Deutschland*, Liegnitz 1793

Pöllnitz, Carl Ludwig von: *Des Freyherrn von Pöllnitz neue Nachrichten*, Frankfurt 1729

Pöllnitz, Carl Ludwig: *Nachrichten von seinen Reisen*, Frankfurt 1735

Reindl, Benno: *Die Reindlsche Chronik von München*, Bamberg 1890

Risbeck, Johann Caspar: *Briefe eines Reisenden Franzosen über Deutschland An seinen Bruder zu Paris*, Zürich 1783

Rotenstein, Gottfried von: *Reise nach Bayern*, in: Archiv zur neuern Geschichte, Geographie, Natur- und Menschenkenntniß II., Leipzig 1785

Sammlung der besten und neuesten Reisebeschreibungen, Berlin 1766

Schmid, Jacobo: *Chur-Bayrische Löwenhaut, bald trucken, bald naß*, München 1679

Staats-Geschichte des Churhauses Bayern, Frankfurt/Leipzig 1743

Vogl, Coelestin: *Ratisbona Monastica*, Regensburg 1752

Vogl, Coelestin: *Ratisbona Politica*, Regensburg 1729

Weber, Carl Julius: *Briefe eines in Deutschland reisenden Deutschen*, Stuttgart 1826-1828

Westenrieder, Lorenz: *Beschreibung der Haupt- und Residenzstadt München*, München 1782

Westenrieder, Lorenz: *Beschreibung des Wurm- oder Starenbergersees*, München 1784

Zedler-Lexikon, Halle/Leipzig 1732ff

Zimmermann, Joseph Anton: *Churbayerisch-Geistlicher Kalender* (darin: Karl Albrecht in Sossau), München 1752

Sekundärliteratur

Altmann, Lothar/Kindelbacher, Robert: *Der Hochaltar von St. Peter*, München 1995

Ay, Karl-Ludwig: *Land und Fürst im alten Bayern*, Regensburg 1988

Behk, Johann Wolfgang: *Ein Wittelsbacher in Italien* (darin Kavaliersreise Karl Albrechts und Bericht von Goethes Mutter), München 1971

Bönisch, Georg: *Der Sonnenfürst (Clemens August)*, Köln 1979

Braunfeld, Wolfgang: *Francois de Cuvilliés*, Würzburg 1938

Burckhardt, Jacob: *Briefe*, Berlin 1965

Der Krönungswagen Kaiser Karls VII. (bearbeitet von Elmar Schmid), Dachau 1992

Hefner Otto Titan von: *Bayerischer Antiquarus*, München 1867

Hüttl, Ludwig: *Das Haus Wittelsbach*, München 1980

Hüttl, Ludwig: *Max Emanuel*, München 1976

Isphording, Eduard: *Gottfried Bernhard Göz*, Weißenhorn 1982

Kurfürst Clemens August (Ausstellungskatalog), Köln 1961

Lipowsky, Felix Joseph: *Lebens- und Regierungs-Geschichte des Churfürsten von Bayern Karl Albrecht nachmaligen Kaisers Karl VII.*, München 1830

Loibl, Werner: *Die Bauernhochzeiten am Churfürstlichen Hof*, in: Münchner Stadtanzeiger 14.2.1969

Palais Holnstein, München 1988

Peter, Wolf-Dieter: *Johann Georg Joseph Graf von Königsfeld*, Kallmünz 1977

Prochazka, Edith: *Das Münchner Gesellschaftsbild im 18. Jahrhundert* (darin die Schilderung der Wasserjagd auf dem Starnberger See von Pierre de Bretagne), in: Oberbayerisches Archiv 103, 1978

Raab, Heribert: *Clemens Wenzeslaus von Sachsen und seine Zeit 1739-1812*, Freiburg/Basel/Wien o.J.

Riezler, Sigmund: *Geschichte Baierns 8*, Gotha 1914

Schmidt, Friedrich: *Geschichte der Erziehung der Bayerischen Wittelsbacher*, Berlin 1892

Schmidt, Hans: *Kurfürst Karl Philipp von der Pfalz als Reichsfürst*, Mannheim 1963

Wagner, Fritz: *Kaiser Karl VII. und die großen Mächte 1740-1745*, 1938

Weitlauff, Manfred: *Die Reichskirchenpolitik des Hauses Bayern unter Kurfürst Max Emanuel*, St. Ottilien 1985

Weitlauff, Manfred: *Kardinal Johann Theodor*, Regensburg 1970

Wolf, Joseph Heinrich: *Das Haus Wittelsbach*, Nürnberg 1845

Zwei Münchner Adelspalais, Palais Portia-Palais Preysing, München 1984

Register

Der Autor

Dr. Rudolf Reiser studierte in München und Wien die Fächer Geschichte und Osteuropakunde. 1968 Promotion bei Karl Bosl an der LMU über den Immerwährenden Reichstag und das adelige Stadtleben dort. Während seiner Archivreisen Einsicht in die Akten um den bayerischen Kurfürsten Karl Albrecht.

Von 1969 bis 1997 Redakteur für Bildung und Wissenschaft bei der *Süddeutschen Zeitung*. Von ihm stammen 50 Fachbücher mit den Schwerpunkten Antike, Städtemonographien und bayerische Geschichte und zahlreiche wissenschaftliche Aufsätze.

Im Buchendorfer Verlag von ihm erschienen: Klenzes Geheime Tagebücher (1998), König und Dame – Ludwig I. und seine 30 Mätressen (1999), Kardinal Michael von Faulhaber – Des Kaisers und des Führers Schutzpatron (2000), Das Casino der Roseninsel und ihre Könige (2000), Bayern und Salzburg um Christi Geburt (2001), Ohne Bacchus friert Venus – König Ludwig I. in Anekdoten (2002)

★

Reisers neuestes Werk im Buchendorfer Verlag: Königsmord am See – Wie und warum Ludwig II. am 13. Juni 1886 sterben mußte.